거. 들. 못.성경

거 들 못 성경 I

Printed in 2007 by Music Thyme Company

지은이 노태성

펴낸 곳 출판사 음악의 향기

인쇄소 일송기획인쇄

표지디자인 김여진

초판 2007년 8월 1일

등록일 2007년 7월 10일

등록번호 제 2007-3

주소 ; 인천 강화군 강화읍 남산리 62 마음자리 801호

대표전화 0502-777-2010

Home Page ; muselab.org
e-mail ; henry@muselab.org
or henrycyoo@naver.com

ISBN 978-89-957657-6-0-03230

거의 들어보지 못한 성경이야기(1)

魯泰星 著

머리말

한국 기독교인들의 성경에 대한 관심은 매우 높다. 그러나 유감스럽게도 성서학에 대한 관심은 그리 높지 않다. 이런 까닭에 가끔은 잘못된 성경 해석에 휘둘리곤 한다. 성경본문을 근거로 성서학적 판단하기를 제대로 배우지 못한 까닭이다. 기독교는 성경을 읽고 해석하고 적용하면서 신앙을 키워온 문서종교다. 따라서 성경을 연구하는 성서학에 관심을 기울이는 것은 역사를 아는 기독교인의 당연한 일이다.

조금만 관심을 기울여 성경을 읽어본 사람은 누구든지 여러 가지 질문을 갖게 된다. 지극히 정상적인 일이다. 성경의 최초 독자와 우리는 현저한 시간적, 공간적 차이 속에서 생활하기 때문이다. 문제는 이에 대한 답을 찾기가 쉽지 않다는 점이다. 성서학자들의 도움이 절실한 부분이다. 그러나 성서학자가 대학에서 신학생들을 가르치고 이들이 목회자가 되어 교회현장에서 교인들을 가르치기까지는 20년에서 30년이 걸린다. 이 책은 이러한 시간을 줄이고자 집필된 것이다.

성서학자가 현재 논의되는 주제들을 일반 사람들과 나누면 종종 오해 받곤 한다. 마치 신앙 없이 성경의 권위나 실추시키려는 불순한 의도를 가진 자로 생각하기 때문이다. 성서학자는 결코 성경의 권위에 도전하지 않는다. 오히려 그는 성경의 높은 권위를 인정하기에 지나치리만큼 세밀하게 한 글자 한 글자를 읽고 또 읽어 해석한다. 그 한 글자 한 글자 안에 하나님의 심오하고 귀한 뜻이 들어있다 확신하는 까닭이다. 그러나 방법은 철저한 학문적 틀을 떠나지 않는다. 그 명칭에서 드러나듯 성서학도 "학문"이기 때문이다. 학문의 도구는 이성이다. 교회에서는 종종 이성을 부정적으로 바라보는데 이는 올바르지 못하다. 우리 인간은 하나님의 형상으로 지음 받았다. 우리 안에 있는 능력들은 하나님의 형상을 닮은 능력이다. 이성도 여기에 포함된다. 우리는 이성을 가지고 맡겨주신 자연을 연구하여 바르게

다스리도록 노력한다. 이 이성을 사용하여 성경말씀을 연구하는 일은 따라서 당연한 인간의 책임이다. 물론 이성이 모든 것을 설명해주지는 못한다. 그러나 많은 것들을 이해할 수 있도록 만들며 신앙의 굳건한 기반을 갖추도록 돕는다. 특별히 한국 교회 안에서 줄어드는 지식인들의 수는 합리적 설명의 부족으로 오는 경우가 많다. 이 책은 이러한 면에서 지식층을 향한 선교적인 도서이기를 원한다.

새로운 성서학적 인식은 종종 전통적 신앙교리와 충돌하곤 한다. 이 책에서는 지적 인식과 신앙의 괴리를 좁히고자 설명을 시도했다. 새로운 지적 인식은 신앙을 파괴하지 않고 신앙을 더욱 굳건히 세우도록 도울 수 있는 자료다. 중요한 것은 새롭게 얻어진 지식들을 신앙적 차원에서 어떻게 재해석하는가이다. 이 책이 신앙을 새롭게 이해하고 세우는데 도움이 되기를 필자는 간절히 기도한다. 아울러 만에 하나 이 책으로 인해 신앙의 혼돈을 경험하게 된 분이 있다면 성서 신학적 교육을 받은 분들의 (출석교회 목사님 등) 신앙적 조언 구하기를 필히 권면한다.

거.들.못.이라는 이름은 필자가 이민 목회를 할 당시 인터넷 홈페이지에 만들었던 섹션 중 하나의 이름이다. 본서에 포함된 내용에는 당시 인터넷에 올렸던 주제도 들어있다. 이 책은 다양한 성경본문을 다루며 특별한 통일 주제를 추구하지 않은 까닭에 어느 곳부터라도 부담 없이 읽을 수 있는 편한 책이다. 앞으로도 **거.들.못. 성경**이라는 이름으로 다양한 후속 글들을 발표할 예정이다. 무엇보다 **거.들.못. 성경** 시리즈로 인해 성경에 대한 관심이 높아져 많은 이들이 성경을 읽게 된다면 필자는 오로지 감사할 뿐이다. 끝으로 이 책의 출판비를 지원해준 강화의 삼성감리교회(이종만 목사시무)에 심심한 감사를 표한다. 삼성 교회는 필자가 격주로 주일 새벽과 대예배에서 설교로 섬기는 교회이기도 하다.

2007년 6월 아현동 학사에서

차례

정 순 여 전도사님께 이 책을 헌정합니다.

포도주를 즐기는 사람?

"인자는 와서 먹고 마시매 말하기를 보라 먹기를 탐하고 포도주를 즐기는 사람이요..."(마 11:19)

위 마태복음 구절에 따르면 당시의 유대교 지도자들은 예수님을 부정적으로 평가하여 "먹기를 탐하고 포도주를 즐기는 사람"이라 묘사 하였다. 예수님의 가르침과 활동이 당시 유대교 내에서 종종 갈등을 불러 일으켰음을 익히 알고 있는 사람이라면 이러한 묘사가 사실에 근거한 것이 아니라 예수님의 가르침 때문에 불편해 하던 유대 지도자들의 의도적 왜곡이라 이해하곤 한다. 그러나 당시 예수님의 생활 모습과 상황을 조금만 자세히 살피면 저들의 묘사가 왜곡이 아닌 나름대로 제대로 된 관찰에 근거한 판단이라 인정하지 않을 수 없다. 과연 예수님은 먹기를 탐하고 포도주를 즐기는 사람이었을까?

"예수께서 이르시되 여우도 굴이 있고 공중의 새도

거처가 있으되 오직 인자는 머리 둘 곳이 없다 하시더라"(마 8:20)

예수님은 스스로 위 구절에서 말씀하시듯 "머리 둘 곳이 없"었던 분이다. 일정한 주거지가 없는 떠돌이 삶을 사셨다는 말이다. "여우도 굴이 있고 공중의 새도 거처가 있으되" 라는 표현에서도 분명 이 방랑 모습이 드러난다. 만일 거주하는 곳이 있었다면 굳이 이런 말씀을 하지 않으셨을 것이며 그럼에도 하셨다면 이 말씀은 의미 없는 거짓일 것이다. 예수님의 떠돌이 생활은 누가복음 4장 42절 이하와 8장 1절에서도 드러난다.

"...무리가 찾다가 만나서 자기들에게서 떠나시지 못하게 만류하려 하매/ 예수께서 이르시되 내가 <u>다른 동네에서도</u> 하나님의 나라 복음을 전하여야 하리니..."(눅 4:42 이하)

"이 후에 예수께서 <u>각 성과 촌에 두루 다니시며</u> 하나님의 나라를 반포하시며 그 복을 전하실쌔..."(눅 8:1)

예수의 방랑 생활은 자기 집을 떠남으로 시작하였을 것이다. 그러기에 예수님의 모친과 형제들은 예수님을 만나고자 길을 나서기까지 했다.

"때에 예수의 모친과 동생들이 와서 밖에 서서 사람을 보내어 예수를 부르니..."(막 3:31)

비슷한 방랑 생활의 모습을 우리는 제자들에게서 발견한다. 예수의 부르심에 대한 응답으로 제자들은 생계 현장을 떠나고 부모를 떠난다.

"갈릴리 해변을 지나가시다가 시몬과 그 형제 안드레가 바다에 그물 던지는 것을 보시니... 예수께서 가라사대 나를 따라 오너라 .... 하시니 곧 그물을 버려두고 좇으니라"(막 1:16-18)

"조금 더 가시다가 세베대의 아들 야고보와 그 형제 요한을 보시니...곧 부르시니 그 아비 세베대를 삯군들과 함께 배에 버려두고 예수를 따라 가니라"(막 1:19 이하)

그렇다면 방랑생활은 어떻게 유지됐을까? 당시에는 노숙자들을 위한 쉼터도, 하다못해 바람이나마 막을 지하도도 없었을 텐데 말이다. 예수께서 당신의 제자들을 전도를 위하여 내보내시며 당부하신 가르치심에서 우리는 그 답을 찾을 수 있다.

"열 두 제자를 부르사 둘씩 둘씩 보내시며...명하시되 여행을 위하여 지팡이 외에는 양식이나 주머니나 전대의 돈이나 아무 것도 가지지 말며 신만 신고 두 벌 옷도 입지 말라 하시고 또 가라사대 어디서든지 뉘 집에 들어가거든 그곳을 떠나기까지 거기 유하라"(마 6:7-10)

"뉘 집에 들어가거든" 이라는 말은 주인의 동의 없이 무조건 침입하는 것이 아니라 "영접하는 사람이 있거든" 이라는 의미다. 누가복음 10장 8절은 이를 오해 없도록 적고 있다.

"어느 동네에 들어가든지 너희를 영접하거든..."

영접의 대가는 그곳에 병자가 있을 경우 그를 고치

고 동시에 하나님 나라가 가까이 왔음을 선포하는 것이었다(눅 10:9). 식사도 이 영접한 집에서 해결되었다.

"... 너희 앞에 차려 놓은 것을 먹고"(눅 10:8 하반절)

그러나 항상 영접을 받은 것은 아니었다.

"어느 동네에 들어가든지 너희를 영접지 아니하거든..."(눅 10:10)

이럴 경우 방법이 따로 없다. 오늘날 노숙자들처럼 길거리 한적한 곳, 바람이라도 조금이나마 그을 수 있는 곳, 산 속, 동굴 등지에서 자는 수밖에 없다. 그런데 노숙의 경우 다음날 아침식사를 해결할 방법이 없다. 예수님은 떠돌이 생활에 먹을 양식조차도 지참하지 말도록 명하셨기 때문이다(위의 막 6:8 참조). 그러기에 안식일 임에도 지나가던 밀밭에서 이삭을 잘라 비벼 먹던 제자들의 모습을 우리는 접하게 된다. 궁여지책이다.

"그 때에 예수께서 안식일에 밀밭 사이로 가실 쌔 제자들이 시장하여 이삭을 잘라 먹으니"(마 12:1)

이러한 상황이니 규칙적인 식사는 예수님과 제자들에게 결코 일상은 아니었다. 특별히 초대하는 사람이 있으면 그곳에서 잔치처럼 배불리 먹었지만 받아들여주는 사람 없는 낯선 동네에서는 노숙하고 굶어야 했다. 이런 상황에서 기회 있을 때 열심히 먹어두고 마셔두는 것은 지극히 현명한 일이다. 언제 다시 목마르고 배고플지 모르기 때문이다. 바로 내일이라도 낯선 곳에서 그런 상황이 닥칠지 모른다. **바로 이런 모습이 유대 지도자들에게 관찰되었을 것이다.** 그러기에 이들은 예수님을 깎아 내리며 판단하기를 "먹기를 탐하고 포도주를 즐기는 자"라 하였던 것이다.

혹 정말로 예수님이 먹기를 탐하고 포도주를 즐기는 분이셨다는 말에 충격 받은 분들을 위해 몇 마디 도움을 주자면, 예수님의 이런 모습이야 말로 참다운 성육신의 증거라 할 수 있다. 우리 교회에서는 지금까지 지나칠 정도로 예수님의 모습을 신적인 면에서만 파악하고자 했다. 물론 예수님의 신성을 인정하는 것은 당연하고 옳은 자세다. 그러나 그로 인해 육신의 몸을 입으신 부분을 간과하는 것은 잘못이다. 초대교회에서 이미 이러한 그릇된 시도들이 있었고 신약의 후기 글들은 이를 분명히 비판한다.

"미혹하는 자가 세상에 많이 나왔나니 이는 예수 그리스도께서 육체로 오심을 부인하는 자라 이런 자가 미혹하는 자요 적그리스도니"(요이 7절).

예수님이 먹기를 탐하고 포도주를 즐기신 것은 우리와 동일한 인간의 몸을 입으신 결과이다. 철저히 성육신하셔서 인간의 한계에 당신을 맡기신 직접 체험의 결과다. 그러기에 우리는 요한복음에서 다음과 같은 말씀을 읽을 수 있지 아니한가!

"예수는 ... 친히 모든 사람을 아심이요 또 친히 사람의 속에 있는 것을 아시므로 사람에 대하여 아무의 증거도 받으실 필요가 없음이니라"(요 2:24이하).

고린도서 가위질

고린도서는 몇 편일까? 신약성경에 고린도전서와 후서가 존재한다는 사실을 아는 사람은 무슨 이런 유치한 질문이 있나 의아해할 것이다. 그러나 조금만 자세히 고린도전/후서를 살피면 상황은 달라져 웬만한 전문가도 똑 부러지게 답하지 못하는 질문임을 깨닫게 될 것이다. 먼저 고린도전서를 보자. 고린도전서 5장 9절에는 다음과 같은 말씀이 있다.

"내가 너희에게 쓴 편지에 음행하는 자들을 사귀지 말라 하였거니와..."

여기서 "내가 너희에게 쓴 편지"는 무슨 편지를 뜻하는가? 지금 사도가 집필하고 있는 고린도전서를 뜻하는가? 유감스럽게도 고린도전서에는 "음행하는 자들을 사귀지 말라"는 권고가 전혀 발견되지 않는다. 바로 앞의 5장 전반부에서 음행하는 자를 너희 중에 쫓아내라는 권고만이 관찰될 뿐이다. "음행하는 자를 사귀지 말라"는 권고는 그러나 찾아볼 수 없다. 게다가 9절에는 분명히 내가 너희에게 쓴 편지라고 되어있다. 즉, 지금 쓰고 있는 편지가 아닌 그에 앞선 편지를 뜻하는 표현이다. 그렇다면 고린도전서 이전에 집필된 편지가 존재한다는 말이다. 우리는 이 편지를 고린도전서에 앞선 까닭에 **고린도전전서**(前前書)라 명명할 수 있다. 이로써 고린도서는 벌써 세 편이 된다. 이번엔 후서로 넘어가자.

고린도후서 2장 12절 이하를 읽어보면 문맥이 왠지 부자연스럽게 이어짐을 발견할 수 있다.

"내가 그리스도의 복음을 위하여 드로아에 이르매 주 안에서 문이 내게 열렸으되/ 내가 내 형제 디도를 만나지 못하므로 내 심령이 편하지 못하여 그들을 작별하고 마게도냐로 갔노라"(12-13절)

"항상 우리를 그리스도 안에서 이기게 하시고 우리로 말미암아 각처에서 그리스도를 아는 냄새를 나

타내시는 하나님께 감사하노라"(14절)

13절에서는 심령이 편치 못하다는 말을 하는데 14절에서는 갑자기 감사함이 언급된다. 또한 12절과 13절은 여행경로를 언급하며 노정상황을 기록하고 있는데 14절에서는 생뚱맞게 감사고백이 진행되고 여행과 관련된 이야기는 흔적도 없이 사라진다. 그러나 이 정도는 성경의 깊은 뜻이 있겠거니 하며 넘어갈 수 있다. 우리의 우매함이 어찌 신의 깊은 뜻을 이해하랴! 문제는 이 부분의 부자연스러움을 기억하고 고린도후서를 계속 읽는 사람에게 있다. 7장 2절부터 계속 읽다보면 5절에서 또 다시 자연스럽지 못한 부분을 발견하게 되고, 앞선 기억을 되살릴 경우 2장의 문제를 해결할 단서를 발견하는 까닭이다.

"마음으로 우리를 영접하라 우리는 아무에게도 불의를 행하지 않고 아무에게도 해롭게 하지 않고 아무에게서도 속여 빼앗은 일이 없노라/ 내가 이 말을 하는 것은 너희를 정죄하려고 하는 것이 아니라 내가 이전에 말하였거니와 너희가 우리 마음에 있어 함께 죽고 함께 살게 하고자 함이라/ 나는 너희를 향하여 담대한 것도 많고 너희를 위하여 자랑하는 것도 많으니 내가 우리의 모든 환난 가운데서도 위로가 가득하고 기쁨이 넘치는도다"(2-4)

"우리가 마게도냐에 이르렀을 때에도 우리 육체가 편하지 못하였고 사방으로 환난을 당하여 밖으로는 다툼이요 안으로는 두려움이었노라/ 그러나 낙심한 자들을 위로하시는 하나님이 디도가 옴으로 우리를 위로하셨으니"(5-6)

자연스럽지 못한 부분은 4절에서 5절로 넘어가는 곳에 있다. 2절에서 4절까지의 내용은 바울 사도가 스스로를 받아줄 것을 권하는 것으로 4절의 넘치는 기쁨에 대한 언급과 더불어 마무리 된다. 그런데 5절에 이르러서 바울 사도는 갑자기 편치 못한 육체와 안팎의 다툼과 두려움을 언급한다. 또한 4절이 현재의 이야기라면 5절은 뜬금없는 과거 이야기다. 사전에 여행노정에 대한 이야기가 전개된 것도 아닌데 사도가 “마게도냐”에 이르렀을 때의 상황이 진술된다. 여기서도 물론 깊은 뜻이 따로 있겠지 하며 넘어갈 수 있다. 그러나 한 가지가 전혀 머릿속에서 떠나질 않는다. 그것은 바로 마게도냐에 대한 언급이다. 앞선 2장에서 사도는 여행노정을 이야기하며 역시 마게도냐를 언급했다. 그렇다! 서로 어떤 연관관계가 있다. 2장 13절과 7장 5절을 그대로 이어보자.

“내가 내 형제 디도를 만나지 못하므로 내 심령이 편하지 못하여 그들을 작별하고 마게도냐로 갔노라"(2:13)

“우리가 마게도냐에 이르렀을 때에도.../ 그러나 ... 하나님이 디도가 옴으로 우리를 위로하셨으니”(7:5-6)

2장 13절과 7장 5절은 자연스럽게 연결된다. 마게도냐와 그에 앞서거나 뒤서는 디도에 대한 언급이다. 이것은 우연이 아니다. 자연스런 진술의 연결이다. 그렇다면 2장 13절과 7장 5절은 원래 서로 이어지는 진술이었을 것이다. 그런데 조그마한 점 하나가 눈에 거슬린다. 2장에선 주어가 일인칭 단수

"내가"인데 7장에선 일인칭 복수 "우리"이다. 그러나 이 문제는 앞 절의 표현들을 보면 해결된다. 4절 마지막에 바울 사도는 "우리의 모든 환난"이라며 일인칭 복수를 사용하고 있다. 그것뿐이 아니다. 2절에서도 사도는 "우리를 영접하라"며 일인칭 복수를 사용하고 3절에서도 "마음"을 "우리"라는 일인칭 복수로 자세히 규정한다. 따라서 5절의 주어 "우리"는 이런 영향을 받아 바뀌었을 수 있다. 주변의 문맥에 맞춘 것이라는 말이다. 그렇다면 왜 5절이 하필이면 4절 뒤에 연결되었을까? 우연히도 우리는 4절과 5절에서 "환난"이라는 동일한 단어를 접한다. 또한 4절과 6절에서 "위로"라는 단어도 동시에 발견한다. 이것들은 우연이 아닐 것이다. 즉, 이 단어들은 4절과 5절 이하를 서로 연결시킨 고리일 것이라는 말이다. 누군가가 4절의 "환난"과 "위로"를 보고 5절 이하의 이야기를 연결했을 수 있다. 어쨌건 우리는 여기서 다시 최소한 두 편의 편지를 상정할 수 있다. 2장 13절에서 7장 5절로 이어지는 편지가 그 하나이며 그 사이에 끼인 편지가 다른 하나이다. 그런데 7장 2절과 그에 앞선 절들도 내용면에서 역시 매끄럽지 않게 연결된다. 혹 다른 편지가 또 삽입되지 않았을까? 실제로 6장 11절부터 문맥을 읽으면 우리는 14절에서 껄끄럽다 못해 전혀 다른 내용과 분위기를 접한다.

"고린도인들이여 너희를 향하여 우리의 입이 열리고 우리의 마음이 넓어졌으니/ 너희가 우리 안에서 좁아진 것이 아니라 오직 너희 심정에서 좁아진 것이니라/ 내가 자녀에게 말하듯 하노니 보답하는 것으로 너희도 마음을 넓히라"(11-13)

"너희는 믿지 않는 자와 멍에를 같이 하지 말라 의와 불법이 어찌 함께 하며 빛과 어둠이 어찌 사귀며/ 그리스도와 벨리알이 어찌 조화되며... (중략) ... / 그런즉 사랑하는 자들아 이 약속을 가진 우리는 하나님을 두려워하는 가운데서 거룩함을 온전히 이루어 육과 영의 온갖 더러운 것에서 자신을 깨끗하게 하자"(6:14-7:1)

마음을 넓혀 화해를 권고하는 내용에 이어지는 말씀은 믿지 않는 자와 멍에를 함께 하지 말라는 가르침이다. 구별을 요구하는 강한 가르침과 부드러운 화해의 권고는 서로 어울리지 않는다. 부드러운 분위기가 강한 목소리로 바뀌었다. 믿지 않는 자와의 분리를 주제로 한 6장 14절부터 7장 1절까지의 부분을 잠시 떼어내면 글의 흐름은 다시금 매끄럽게 이어진다.

"...너희도 마음을 넓히라"(6:13)

"마음으로 우리를 영접하라..."(7:2)

부드러운 권고가 여전히 7장 2절에서도 계속된다. 그렇다면 여기서도 앞선 경우처럼 본래 글의 흐름이 6장 14절에서 7장 1절의 삽입으로 막혔다. 즉, 6장 13절과 7장 2절은 이어지는 단락이었고 그 주제는 고린도인들에게 사도 자신을 넓은 마음으로 다시 받아들이도록 권유하는 것이었다. 이로써 우리는 여기서 다시 새로운 편지를 접하게 된다. 고후 6장 14절에서 7장 1절은 다른 글이다. 이 글의 출처는 한동안 수수께끼였다. 심지어 바울의 글이 아니라 쿰란이라고 하는 고고한 유대교 종교 그룹의 것이라는 주장까지 있었다. 그러나 보다 똑똑한 학자들이 이 글의 정체를 밝혀냈다. 앞서서 우리는 고린도전전서(前前書)의 존재를 확인했다. 그 편지의 내용에는 음행하는 자들과 사귀지 말라는 권고가 담겨있어야 한다. 그리고 그 글은 자칫 잘못 읽으면 이런 자들과 완전한 분리로 오해될 수 있어야 한다. 이러한 조건을 충족시킬 가능성이 높은 글이 바로 후서의 6장 14절부터 7장 1절까지의 내용이다. "믿지 아니한 자와 멍에를 매지 말라"는 권고는 이곳에서 "어찌 그런 자들과 상관할 수 있는가"라는 반문으로 이어지고 그것은 또 하나님의 성전과 우상이 일치할 수 없이 구별된다는 논리로 발전된다. "어찌 상관할 수 있는가"라는 반문에서 먼저 그들과의 완전한 분리를 권고하는 것으로 오해할 여지가 충분히 발견된다. 한편 여기서 하나님의 성전은 믿는 자들의 몸(=우리)으로 설명된다. 이 설명을 우리는 고린도전서 6장 15절 이하의 음행금지 권고에서도 재차 발견한다. 창녀와 합하는 자는 그와 한 몸이 되는 까닭에 하나님의 성전인 우리가 행할 바가 못 되므로 음행은 피하여야 한다. 따라서 전서 6장 15절 이하의 내용에서 역 추론하면 후서 6장 16절의 하나님의 전에 반대되는 우상은 음행하는 사람을 지칭하는 말이 된다. 그렇다면 그들과의 구별을 권하는 내용으로 후서 6장 14절에서 7장 2절을 충분히 읽을 수 있다. 따라서 이것이 고린도전전서의 일부가 될 가능성은 농후하다. 이로써 지금까지 발견된 고린도서는 모두 네 편이다. 그런데 그 수는 여기서 그치지는 않는다. 후서 2장 4절에 보면 소위 눈물로써 쓴 편지가 존재한다.

“내가 마음에 큰 눌림과 걱정이 있어 많은 눈물로 너희에게 썼노니 이는 너희로 근심하게 하려 한 것이 아니요 오직 내가 너희를 향하여 넘치는 사랑이 있음을 너희로 알게 하려 함이라”

사도 바울은 고린도교회를 전서를 쓰고 난후 재차 방문하였다. 이 방문에서 안타깝게도 사도는 고린도 교인들로부터 교회를 전도한 권위자로 인정받지 못하고 예루살렘의 원 사도들 권위 아래 놓인 상대적으로 미천한 자로 여겨졌다. 어떤 특정인은 그를 폄하하여 "대면하면 유순하고 약하나 떨어져 쓰는 그의 편지는 무게와 힘이 있다"고 하여 사도를 근심케 만들기도 하였다. 이로 인해 바울은 고린도교회의 방문을 중단하고 떠나야 했고 안타까움 속에서 그들의 생각을 돌리려고 눈물로 편지를 쓴 것이다. 바로 이에 해당되는 글이 고린도후서 10장에서 13장까지의 내용에서 발견된다. 일부를 살피면 다음과 같다.

"너희를 대면하면 유순하고 떠나 있으면 너희에 대하여 담대한 나 바울은 이제 그리스도의 온유와 관용으로 친히 너희를 권하고..."(10:1)

"나는 지극히 크다는 사도들보다 부족한 것이 조금도 없는 줄로 생각하노라"(11:5)

"그들이 히브리인이냐 나도 그러하며 그들이 이스라엘인이냐 나도 그러하며 그들이 아브라함의 후손이냐 나도 그러하며/ 그들이 그리스도의 일꾼이냐 정신없는 말을 하거니와 나는 더욱 그러하도다 내가 수고를 넘치도록 하고 옥에 갇히기도 더 많이 하고 매도 수없이 맞고 여러 번 죽을 뻔하였으니..."(11:22이하)

"내가 이제 세 번째 너희에게 가리니 두세 증인의 입으로 말마다 확정하리라/ 내가 이미 말하였거니와 지금 떠나 있으나 두 번째 대면하였을 때와 같이 전에 죄 지은 자들과 그 남은 모든 사람에게 미리 말하노니 내가 다시 가면 용서하지 아니하리라"(13:1이하)

이 편지가 바로 7장 8절에서 말하는 "너희를 근심하게 한" 편지이다.

"그러므로 내가 편지로 너희를 근심하게 한 것을 후회하였으나 지금은 후회하지 아니함은 그 편지가 너희로 잠시만 근심하게 한 줄을 앎이라"

결국 바울은 이 눈물의 편지로 고린도교인들을 다시 얻었다. 어쨌든 이 눈물의 편지(10-13장)로 인해 우리의 고린도서는 다섯 편으로 늘어난다. 그런데 여기서 그치는 것 같지 않다. 8장과 9장은 헌금에 대한 글들이다. 조금 자세히 살피면 두 장이 한 시기에 집필된 것은 아닌 것 같다. 8장 1절 이하를 보면 다음과 같다.

“형제들아 하나님께서 마게도냐 교회들에게 주신 은혜를 우리가 너희에게 알리노니/ 환난의 많은 시련 가운데서 그들의 넘치는 기쁨과 극심한 가난이 그들의 풍성한 연보를 넘치도록 하게 하였느니라”

마게도냐 교회가 헌금을 얼마나 열성을 가지고 거두었는지 사도는 기록한다. 그런데 9장 1절 이하를 보면 상황이 좀 다르다.

“성도를 섬기는 일에 대하여는 내가 너희에게 쓸 필요가 없나니/ 이는 내가 너희의 원함을 앎이라 내가 너희를 위하여 마게도냐인들에게 아가야에서는 일 년 전부터 준비하였다는 것을 자랑하였는데... / 혹 마게도냐인들이 나와 함께 가서 너희가 준비하지 아니한 것을 보면 너희는 고사하고 우리가 이 믿던 것에 부끄러움을 당할까 두려워하노라”(9:1-4)

9장의 내용은 아가야 즉 고린도 교인들에게 헌금을 상기 시키는 것으로 사도는 이들이 일 년 전부터 준비하였음을 마게도냐인들에게 자랑과 자극삼아 말하였고 이를 본인들에게 새삼 알려주는 것이다. 따라서 8장의 마게도냐인들의 풍성한 헌금 모금에 대한 언급과는 같은 시각의 기록일 수 없다. 즉, 8장과 9장은 역시 하나의 편지가 될 수 없다는 것이다. 한편 8장의 경우 16절 이하에서 사도의 동역자 디도가 자원하여 고린도 교인들에게 헌금을 거두기 위하여 갈 것이라 되어있고, 소위 눈물의 편지의 일부인 12장 18절에서는 디도가 고린도 교회에 가서 이득을 취하지 않았다 기록되어있다. 따라서 이 두 편지도 같은 시기의 것이 되기는 힘들다. 물론 8장이나 9장이 앞의 다른 편지들과 동일한 서신을 구성했을 가능성도 있다. 이럴 경우 고린도서는 앞에서 관찰했듯 다섯 편으로 머무르게 되지만 아닐 경우 최대 7편까지도 가능하다. 물론 다른 어떤 부분이 또 삽입되거나 하지 않았다면 말이다.

그렇다면 이 다양한 편지들은 어떤 이유에서 지금처럼 복잡하게 연결되어 하나의 커다란 편지를 구성하고 있을까? 또한 누가 이런 편지들을 모아 새롭게 편집하였을까? 설득력 있는 설명은 전서의 길이에 근거한 것이다. 전서는 16장으로 이루어진 긴 서신이다. 그 외의 서신들은 앞서 확인한 것처럼 그 규모에 있어 전서에 전혀 못 미치는 짧은 서신들이다. 따라서 본래 고린도서는 일서, 이서, 삼서, 사서, 오서 등으로 이루어졌고 그 길이는 들쭉날쭉, 특히 지금의 전서인 이서만이 가장 길고 나머지는 짧은 형태를 가졌을 것이다. 이러한 다소 우스꽝스러운 모습을 정리하여 지금의 전서와 어느 정도 길이를 맞추고자 한 것이(13장) 후서를 편집하게 된 계기가 아닐까 학자들은 생각한다. 그런데 앞서 살폈듯이 후서의 편집은 그냥 막무가내로 된 것이 아니라 나름의 연결고리를 매개로 이루어진 것이다. 또한 후서를 여러 번 읽다 보면 거칠지만 그런대로 문맥의 흐름도 눈에 띈다. 이러한 의미 있는 흐름을 만들 수 있는 사람은 각 서신을 익히 알아 꿰뚫고 있는 사람이어야 할 것이다. 그러기에 편집자가 집필자인 바울 자신일 것이라는 가설은 충분한 개연성을 갖는다. 아마도 자신의 글들이 신앙생활의 중요한 근거로 역할 하는 것을 깨달은 사도가 일정한 규모의 고린도서들을 기획하였을 것이다. 그렇다면 지금의 후서는 집필자의 의도이기에 굳이 원래의 모습으로 복원할 필요가 없다. 다만 연결이 거친 부분을 보다 정확히 이해하기 위해 분리해 보는 것은 의미가 있다 하겠다.

고린도후서의 원래 모습이 어떠했을지 연구하여 자신의 생각을 펼쳐보는 것은 흥미진진한 일이 아닐 수 없다. 후서를 펼쳐 지금 당장 주의 깊게 읽어보라. 그렇지 않으면 분명 후회할 것이다. 혹 아는가? 다른 학자들이 아닌 바로 당신만이 아직까지 미처 완전히 연구해내지 못한 바울의 원래 서신들을 복원해낼 능력을 갖고 있는지?

기적의 파인튜닝

예수님은 지상에서 수많은 기적을 행하셨다. 복음서 기자는 이를 열심히 보도하고 있다. 그런데 마가복음의 한 기적 이야기는 독특한 성격을 지닌다. 예수님이 행한 기적이 단번에 진행되지 않고 소위 파인튜닝(fine tuning)의 손길을 필요로 하기 때문이다. 해당 기적 이야기를 직접 살펴보자.

"벳새다에 이르매 사람들이 맹인 한 사람을 데리고 예수께 나아와 손대시기를 구하거늘/ 예수께서 맹인의 손을 붙잡으시고 마을 밖으로 데리고 나가사 눈에 침을 뱉으시며 그에게 안수하시고 무엇이 보이느냐 물으시니/ 쳐다보며 이르되 사람들이 보이나이다. 나무 같은 것들이 걸어가는 것을 보나이다 하거늘/ 이에 그 눈에 다시 안수하시매 그가 주목하여 보더니 나아서 모든 것을 밝히 보는지라"(막 8:22-25)

기적 치유 대상인 시각 장애인은 예수님의 첫 번째 손대주심을 통해 일정정도의 시력을 회복했으나 움직이는 대상이 나무인지 사람인지 명확히 구별하지 못한다. 그러기에 예수님은 재차 안수하시고 그제야 비로소 시각장애인은 모든 것을 밝히 보게 된다. 다른 기적 치유 이야기에서 이처럼 두 번에 걸친 치유, 또는 파인 튜닝이 진행되는 곳은 없다. 유독 이 이야기에서만 접할 수 있는 독특성이다. 파인 튜닝으로 인해 자칫 예수님의 기적 능력이 떨어진 듯 보인다. 아마도 이것이 마가를 자료로 사용했던 두 공관복음서 기자들(이에 대해서는 이 책 뒷부분의 "복음서 기자의 커닝?"을 보라), 즉 마태와 누가가 이 이야기를 자신들의 복음서에서 전하지 않은 이유일 것이다. 그들도 예수님의 파인 튜닝이 이해되지 않았나 보다. 예수님은 그러면 왜 이렇게 두 번에 걸친 안수가 필요하셨을까? 정말 영력이 떨어지셨을까? 아니면 그 무슨 다른 이유가 있을까?

우리 인간은 태어나면서부터 시력을 갖고 태어나나 그것의 사용법을 모르는 까닭에 성장과 더불어 배워야 한다. 아기들이 태어나자마자 곧바로 눈의 초점을 맞추지 못하는 것은 이런 까닭이다. 소위 사팔뜨기의 모습을 하다가 어느 정도 시간이 지나고 눈의 근육을 이용할 줄 알면 조금씩 초점을 맞추고 시력을 사용하기 시작한다. 익히 알려져 있듯 우리 눈은 사물을 거꾸로 인식한다. 카메라처럼 눈 안쪽의 벽에 사물의 상이 역으로 맺히는 까닭이다. 그러나 우리는 곧 이를 바로 돌려 인식하는 것을 배운다. 이것은 글자를 익히기 시작하는 어린애들에게서도 관찰된다. 주의 깊은 부모라면 자기 자식이 처음 글자를 배울 때 희한하게 좌우를 바꿔 쓴다거나 위아래를 혼동하여 쓰는 것을 기억할 것이다. 즉, 3을 ε로, 2를 5로, 6을 9로 쓰는 것이다. 이런 기현상의 이유는 어린이들이 사물은 거꾸로 관찰하여 바로 인식하는 법을 익혔어도 글자는 거꾸로 인식하는 법을 아직 익히지 못하였기 때문이다. 시간이 지나면 그러나 이런 현상은 사라진다. 글자에 대한 눈의 사용법을 익힌 까닭이다. 이런 장황한 설명의 요지는 간단하다. 선천적으로 시각 장애를 가지고 태어난 사람의 경우 후천적인 특별한 기회를 통해 시력을 회복했을 때 이를 사용하는 법을 힘겹게 배워야 한다는 것이다. 필자는 어떤 모임에서 이에 대한 이야기를 들은 적이 있다. 어떤 선천적 시각 장애인이 중년의 나이에 비로소 시력회복 수술을 받게 되었는데 회복된 시력을 사용하는 법을 배우는 것이 그에게는 너무 힘겨워 결국 시력을 포기하고 말았다는 안타까운 이야기였다. 그렇다. 아기들이나 어린이들이 자연스럽게 배우는 듯한 과정이 성년의 인간에겐 불가능하리만큼 어려울 수 있다. 아니 어리기 때문에 익히게 되는 것이고 성인이기에 그 학습능력이 저하되었을 수 있다. 어쨌든 시력의 회복이 시력의 사용능력을 전제하지는 않는다. 다시 말해 위 본문의 파인 튜닝은 어쩌면 당연한 것이다. 예수님은 선천적 시각 장애인의 시력을 일차에 걸쳐 회복시켜 주신 것이고 그가 그 사용법을 몰라 사람과 사물의 구별, 사물과 사물의 경계를 분명히 깨닫지 못할 때 사용법까지도 기적적으로 익히도록 해주신 것이다. 본문에도 이에 대한 흔적이 남아있다. 25절에 따르면 파인 튜닝을 받은 시각 장애인은 "주목하여" 비로소 볼 수 있게 되었다. 즉 눈의 초점을 맞추어 사물을 바라보게 되었다는 것이다. 따라서 예수님의 파인 튜닝은 실은 파인 튜닝이 아닌 새로운 단계의 기적이다. 시력 회복의 기적과 시력 사용법의 기적을 단계적으로 실행하신 것으로 부족함의 보충이 아니라 서로 다른 영역의 이중 기적이다.

예수님의 기적에 대해 가끔씩 의심의 목소리를 듣는다. 다른 것은 몰라도 이 이야기만은 지극히 사실에 가까운 이야기가 아닐 수 없다. 자연과학적으로 설득력 있는 현상을 기술하고 있기 때문이다. 마태와 누가는 이런 사실을 몰랐기에 아마도 다소 저급한 기적 이야기로 판단하였던 것 같다. 그러나 이 이야기는 설명했듯 오히려 사실성이 매우 높은 이야기가 아닐 수 없다.

로마서 뒷이야기

로마서 16장을 보면 모두 36명의 이름이 등장한다. 그 중에 8명은 사도 바울에게 문안 인사를 전해달라고 부탁하거나(디모데, 누기오, 야손, 소시바더, 가이오, 에라스도, 구아도: 21절-23절) 직접 문안하는 사람들이며(대서사 더디오의 경우) 27명은 사도 바울이 문안 인사를 원하는 대상이고 나머지 하나는(뵈뵈: 1절) 수신인들에게 사도 바울이 추천하는 사람이다. 활발한 문안 인사 횟수를 고려하면 로마서 16장의 수신인들과 바울 및 그와 함께 하고 있는 사람들과의 관계는 대단히 가깝고 그들 사이의 오랜 기간 사귐이 있었을 것이라는 추측이 가능하다. 그런데 문제는 바울 사도가 지금 편지를 쓰고 있는 로마 교회를 개인적으로 알지도 보지도 못하였다는 사실이다. 이는 로마서 15장 23절 이하에서 읽을 수 있다.

"이제는 이 지방에 일할 곳이 없고 또 여러 해전부터 언제든지 서바나로 갈 때에 너희에게 가기를 바라고 있었으니/ 이는 지나가는 길에 너희를 보고 먼저 너희와 사귐으로 얼마간 기쁨을 가진 후에 너희가 그리로 보내주기를 바람이라"

스페인으로 가는 길에 로마를 들려 그곳의 교인들과 먼저 "사귐"을 갖고자 했다는 사실에서 드러나듯 바울은 이 교회를 개인적으로 알지 못했다. 로마교회는 그가 세운 교회가 아니었다. 아마도 유대 땅을 순례했던 로마의 디아스포라 유대인들에 의해 자생적으로 세워진 교회였던 것 같다. 자신이 세운 교회가 아닌데 방문하는 것은 적절치 않다는 생각이 바울에게서 떠나지 않았을 것이다. 그러기에 그는 로마서 15장 16절과 19절 그리고 20절에서 로마교회를 방문하게 된 정당성을 설명한다. 그는 이방인들의 사도로서(16절) 지금까지 예루살렘에서부터 시작하여 일루리곤까지 로마의 동편 전체를 선교하여 이제 마무리 하였다. 지금까지 자신은 "그리스도의 이름을 부르는 곳"에는(이미 타인에 의해 선교된 곳에는) 방문하지 아니하였으나(20절) 이제 새로운 선교지인 로마제국의 서편 곧 서바나로 가고자 하기에(23절) 로마 방문을 피할 수 없는 것이다.

자신을 잘 모르는 교회에 자신이 어떤 인물인지, 자신의 신학이 어떠한지, 혹 있을 자신에 대한 오해를 불식시키기 위해 바울은 로마서를 쓴 것이다. 갈라디아서나 빌립보서, 고린도서 등지에서 접할 수 있듯이 바울은 종종 유대인들이나 로마 위정자들과 심각한 갈등에 처하곤 했다. 그러기에 바울은 자칫 호전적이라 평가되는 자신에 대한 부정적 이미지를 완화시킬 필요를 절실히 인식하였다. 또한 서바나 선교의 성공적 실현을 위해서는 로마교회의 도움을 필요로 하기에 그는 더욱 자신에 대한 오해와 부정적 이미지를 불식시켜야 했다. 동방 지역은 그에게 익숙하였으나 서방지역은 여러 가지 면에서 낯설고 언어적 차이도 극복해야 하기 때문이다. 당시 제국의 수도인 로마에 위치한 로마교회는 서방에 익숙한 사람들을 구하기 어렵지 않았을 것이다. 만일 로마 교회가 그를 오해하여 그의 서바나 선교에 도움을 거부한다면 바울에게는 커다란 타격이 아닐 수 없었다.

그런데 소문으로만 들어 알던 바울 사도와 로마교회 사이에 결코 무시할 수 없는 수준의 지인들이 존재한다는 것은 어딘가 이상하다. 어떻게 해서든 연관성을 강조하고자 아는 사람과 모르는 사람을 총동원했을까? 바울의 진지함으로 봐선 그런 의심이 적절하지 않다. 바울 사도는 16장에서 잘 아는 사람들에게 문안인사를 하는 것이다. 만일 로마교회에 27명이나 되는 가까운 지인들이 존재했다면 바울이 굳이 로마서를 쓸 이유가 없지 않을까? 이들이 바울의 실제 모습과 사상을 전하고 혹 있었을 오해와 부정적 이미지를 불식시킬 수 있지 않았을까? 여기에 덧붙여지는 관찰은 로마서 15장 끝부분의 내용이다.

"형제들아 내가 우리 주 예수 그리스도와 성령의 사랑으로 말미암아 너희를 권하노니 너희 기도에 나와 힘을 같이하여 나를 위하여 하나님께 빌어/ 나로 유대에서 순종하지 아니하는 자들로부터 건짐을 받게 하고 또 예루살렘에 대하여 내가 섬기는 일을 성도들이 받을 만하게 하고/ 나로 하나님의 뜻을 따라 기쁨으로 너희에게 나아가 너희와 함께 편히 쉬게 하라/ 평강의 하나님께서 너희 모든 사람과 함께 계실지어다 아멘"(롬 15:30-33)

마지막 구절에서 드러나듯 이 본문은 서신의 마무리로서 충분하다. 하나님의 평강을 기원하는 인사와 그에 앞선 중보기도의 부탁은 일반적 서신의 종결부 내용이기 때문이다. 즉, 로마서가 15장으로 본래 마쳐졌을 것이라는 추측이 가능하다는 말이다. 이 같은 추측의 가능성을 높여주는 사실은 로마서 16장 25절에서 27절의 본문이 일부 필사본에서는 14장 끝 절(23절) 뒤나 15장 끝 절(33절) 뒤에 연결되어 나타난다는 점이다. 특히 파피루스 46과 같은 기원 200년대 사본도 후자의 경우를 입증하고 있기 때문에 이러한 사실은 무시될 수 없으며 그 시사하는 바가 크다 하겠다. 일반적으로 특정 본문의 다양한 위치는 그 본문이 현재의 위치에 본래부터 놓이지 않았음을 암시한다. 떠돌아다니던 본문이 지금의 위치에 오게 되었다는 뜻이다. 따라서 로마서가 15장으로 종결되었을 확률은 매우 높다 하겠다.

만일 그렇다면 16장은 무슨 편지인가? 우리는 중요한 힌트를 문안인사 리스트에서 찾을 수 있다. 16장 3절에 따르면 바울은 자신의 동역자인 브리스가와 아굴라에 대한 문안 인사를 부탁한다. 그런데 이들은 고린도전서 16장 8절과 19절에 의하면 로마가 아닌 에베소에 머물고 있는 자들이다.

"내가 오순절까지 에베소에 머물려 함은"(8절)

"아시아의 교회들이 너희에게 문안하고 아굴라와 브리스가와 그 집에 있는 교회가 주 안에서 너희에게 간절히 문안하고"(19절)

사도행전 18장 2절에서 읽을 수 있듯 이들은 물론 로마 출신들이다.

"아굴라라 하는 본도에서 난 유대인 한 사람을 만나니 글라우디오가 모든 유대인을 명하여 로마에서 떠나라 한 고로 그가 그 아내 브리스길라와 함께 이달리야로부터 새로 온지라..."(행 18:2)

이들은 사도행전에 따르면 고린도에서 바울을 만났고 그를 따라 에베소로 그 거처를 옮겨 그곳에 정착한다.

"바울이 더 여러 날 머물다가 형제들과 작별하고 배 타고 수리아로 떠나갈 쌔 브리스길라와 아굴라도 함께 하더라.../ 에베소에 와서 그들을 거기 머물게 하고 자기는 회당에 들어가서 유대인들과 변론하니"(행 18:18 이하)

이들이 에베소에 정착한 것은 사도행전 몇 절 아래에서 입증된다.

"알렉산드리아에서 난 아볼로라 하는 유대인이 에베소에 이르니 ..."(행 18:24)

"그가 회당에서 담대히 말하기 시작하거늘 브리스길라와 아굴라가 듣고 데려다가 하나님의 도를 더 정확하게 풀어 이르더라"(행 18:26)

학자들 중 일부는 이들이 클라우디우스 황제가 죽

고 난 후 로마로 돌아간 것이라 추측한다. 물론 이에 대한 증거는 없다. 그러나 이러한 주장을 약화시키는 단서 하나가 로마서 16장에서 발견된다.

"...내가 사랑하는 에배네도에게 문안하라 그는 아시아에서 그리스도께 처음 맺은 열매니라"(롬 16:5)

여기서 아시아라 함은 asia minor 즉 소아시아를 의미한다. 지금의 터키에 해당되는 이곳의 수도는 바로 에베소이다. 따라서 아시아에서 처음 맺은 열매라 함은 에베소에서 얻은 첫 그리스도인이라는 의미이다. 에배네도 역시 로마로 이주했을 가능성은 그가 에베소에 계속 살았을 것이라는 가능성보다 낮다. 바울이 굳이 "아시아에서 처음 맺은 열매"라 표현한 것은 지금 수신인들을 염두에 두었기 때문일 것이다. 이로써 로마서 16장은 로마가 아닌 에베소의 교회에게 보낸 편지였을 가능성이 높다. 문제는 그러나 로마서 16장의 내용에 있다. 이 편지는 처음부터 끝까지 문안인사로 구성되어있다. 도대체 어떤 편지가 요즘 식으로 말하면 처음부터 끝까지 "누구 안녕? 누구 안녕?"으로 이루어졌을까? 하다못해 군인들에게 보내는 위문편지조차 형식적이지만 몇 마디 다른 내용을 담고 있지 않은가! 문제해결이 결코 쉽지 않다.

이에 대한 설득력 있는 설명은 다음과 같다. 사도 바울은 로마서를 집필하며 이 서신이 자신의 마지막 작품이 될 수도 있다 생각했다. 이를 우리는 앞서 살펴본 15장 31절에서 읽을 수 있다. "나로 유대에서 순종하지 아니하는 자들로부터 건짐을 받게 하고" 라는 표현은 바울이 예루살렘에 올라갔을 때 자신에게 위험이 있을 것을 어느 정도 예견했음을 시사한다. 어쩌면 죽을 지도 모른다는 생각이 아마도 바울 사도의 뇌리에 스쳤을 것이다. 그러기에 서신의 마지막에 자신을 위한 중보기도를 부탁하고 있는 것이다. 로마서는 이런 가능한 위험을 고려할 때 바울 사도의 유언과 같은 서신이다. 바울은 자신이 어쩌면 예루살렘에서 죽임을 당할 수 있다 생각하였기에 자신의 사상을 정리할 필요를 느꼈을 것이다. 지금까지 예루살렘에서 일루리곤까지 편만히 행하여 전도한 일들이 헛되지 않도록 자신의 가르침을 정리할 필요를 사도는 느꼈을 것이다. 이를 위해 로마 교회에 자신을 소개하는 편지를 쓸 기회를 갖게 된 것은 더할 나위 없는 호기가 아닐 수 없다. 자신의 대적자들의 비난과 비판을 불식시키고 자신의 신학 세계를 자세히 펼쳐 후대에도 이해할 수 있도록 집필하는 기회가 바로 로마서였던 것이다. 이러한 귀한 서신을 바울은 아마도 로마에만 전할 수 없었던 것 같다. 자신의 서신을 이미 모으기 시작한 에베소를 그는 떠올렸을 것이다. 27명이나 되는 이름이 시사해주듯 그의 적극적인 추종자들에게 로마서와 같이 훌륭히 정리된 편지는 귀한 글이 아닐 수 없다. 그러기에 바울은 로마로 보낸 편지를 동일하게 복사하여 이를 에베소에 더 보냈을 것이다. 그렇다면 16장의 문안 인사는 이해가 된다. 로마서를 보내며 짧은 인사를 덧붙여야 했기에 16장은 집필 된 것이며 이로 인해 문안인사가 그 주 내용이 된 것이다.

우리에게 에베소로 보내진 로마서가 보존된 이유는 간단하다. 두 가지 동일한 사본이 존재할 경우 한 사본이 조금이라도 긴 내용을 담고 있다면 누구든지 긴 사본을 더 중시 할 것이다. 그러기에 로마서만이 아닌 현재의 로마서+에베소 문안서신이 우리에게 전승되었다. 특별히 에베소에서는 바울 서신이 일찌감치 수집되기 시작하였기에 후대의 사본들은 이곳의 영향을 많이 받았을 것이며 그럴 경우 로마서는 당연히 로마버전이 아닌 에베소 버전으로 복사되었을 것이다.

마태복음의 강시?

옛날 홍콩 코미디귀신 영화 중 죽은 시체가 꼿꼿이 서서 깡충깡충 뛰며 사람들을 괴롭히는 영화가 있었다. 등장하는 시체는 강시라 불렸다. 사전적 용어로 강시란 동사하거나 얼어져 죽은 시체를 가리키는데 어쨌건 그 영화 속의 움직이는 시체는 강시라 불렸다. 이와 동일하진 않지만 비슷한 존재를 마태복음에서 찾아 읽을 수 있다. 물론 성경을 무심코 읽어 내려가는 경우 미처 이를 인지하지 못한다. 해당본문은 마태복음 27장 50절에서 53절까지이다.

"예수께서 다시 크게 소리 지르시고 영혼이 떠나시니라/ 이에 성소 휘장이 위로부터 아래까지 찢어져 둘이 되고 땅이 진동하며 바위가 터지고/ 무덤들이 열리며 자던 성도의 몸이 많이 일어나되/ 예수의 부활 후에 그들이 무덤에서 나와서 거룩한 성에 들어가 많은 사람에게 보이니라"

본문은 예수께서 십자가상에서 숨을 거두시자 일어

난 특이 현상들을 보도하고 있다. 재미있는 부분은 52절 이하이다. 52절에 따르면 땅이 진동하면서 그 결과로 무덤들이 열리고 동시에 죽었던 성도들의 몸이 일어난다. 그런데 이들이 무덤 밖으로 나오는 때는 53절에 따르면 예수 부활 이후이다. 그렇다면 죽었던 성도들이 삼일동안 무덤 속에서 일어나 "서" 있거나 "앉아" 있었다는 말이다. 무덤은 아마도 동굴 무덤을 뜻하였을 것이므로 이들은 입구가 열려진 동굴 속에서 그저 "서" 있거나 "앉아" 있었을 것이다. 당시 사람들이 주검을 세마포로 싸곤 했기 때문에 무덤 안에는 하얀 세마포에 얼굴까지 둘둘 감긴 존재들이 서 있거나 앉아 있었다는 말이다 된다. 그것도 삼일 동안! 홍콩 영화 강시의 모습과 별반 다를 바 없다. 다만 깡충깡충 뛰며 움직이지 않았을 뿐이다. "몸이 일어나되"를 숨이 돌아와 완전히 살아난 상태로 본다면 무덤 밖에 나오지 않았을 뿐 열린 무덤 속에서 움직이며 활동했다는 얘기가 된다. 만약 누가 그런 모습을 보았다면 어떠했을까? 한여름이라도 더위를 느끼기는커녕 두려움에 온 머리카락이 곤두섰을 것이다.

이런 흥미로운 보도는 어떻게 가능했을까? 추측컨

대 "예수의 부활 후"라는 표현 때문이리라. 이 표현이 만일 삭제된다면 이들의 부활 사건은 큰 무리 없이 이해될 수 있다. 한번 "예수 부활 후"를 제거하고 본문을 읽어보자.

"무덤들이 열리며 자던 성도의 몸이 많이 일어나 (되 그들이) 무덤에서 나와서 거룩한 성에 들어가 많은 사람에게 보이니라"

괄호 안의 표현을 약간 교정하면 전혀 문제없는 기적 사건이다. 예수님의 임종과 더불어 일어난 특이한 현상들 속에 죽은 성도들이 부활하여 예루살렘 성에 들어가 자신들을 보였다는 내용이다. 아마도 이러한 내용을 본래 화자는 보도하고자 했을 것이다. 그런데 이런 의도가 신학적 판단으로 인해 약간 교정되었던 것 같다. 예수님은 임종하셨는데 성도들은 그와 동시에 부활하였다는 보도는 어딘가 문제가 있어 보일 수 있기 때문이다. 최초 부활이 예수님이 아닌 성도들이 되는 까닭이다. 그러나 예수께서 부활하신 후 비로소 성도들이 부활했다면 이런 문제는 사라진다. 이런 이유에서, 누군가가 -그것이

화자 자신이었든 아니면 그의 이야기를 전해 듣고 다시 다른 이들에게 전달해 주는 사람이었든 간에- "예수의 부활 후" 라는 표현을 삽입하여 새롭게 각색한 것 같다. 만일 그가 좀 더 신중하게 처리했다면 지금과 같은 흥미로운 현상은 아마 나타나지 않았을 것이다. 예를 들어 "예수 부활 후" 라는 표현을 아래처럼 52절에 삽입했어도 문제는 완화되었을 것이다.

"이에 성소 휘장이 위로부터 아래까지 찢어져 둘이 되고 땅이 진동하며 바위가 터지고/ (**예수 부활 후에**) 무덤들이 열리며 자던 성도의 몸이 많이 일어나 (~~되~~/ ~~그들이~~) 무덤에서 나와서 거룩한 성에 들어가 많은 사람에게 보이니라"

다만 이 경우 땅이 진동하고 바위가 터지는 일이 삼 일 동안 지속되어야 하는 약간의 어려운 점이 있다. 지속적인 지진이 힘들다면 삼 일 후의 여진으로 이해하면 될 것이다. 그런데 삼일이 지난 후 비로소 나타나는 여진이 과연 현실적인가? 잘 모르겠다. 아무래도 지질학자에게 물어야 할 것 같다.

봤을까? 들었을까?

"우리 중에 이루어진 사실에 대하여/ 처음부터 목격자와 말씀의 일꾼 된 자들이 전하여 준 그대로 내력을 저술하려고 붓을 든 사람이 많은지라/ 그 모든 일을 근원부터 자세히 미루어 살핀 나도 데오빌로 각하에게 차례대로 써 보내는 것이 좋은 줄 알았노니"(눅 1:1-3)

이 말씀은 누가복음의 서두다. 누가 기자는 여기서 자신이 원시 기독교 사회의 이야기를 "<u>근원부터 자세히 미루어 살피고 나서</u>" 이를 집필한다고 쓰고 있다. 액면 그대로 그의 말을 믿는다면 그의 진술은 정확할 것이다. 그런데 그가 원시 기독교 운동에 대해 후편 격으로 쓴 사도행전에서는 다소 문제성이 짙은 기록들이 등장한다. 사도행전 후반부를 홀로 장식하다시피 한 바울의 회심/소명사건 기록들이 그것이다. 행전에서 누가는 세 번에 걸쳐 그의 회심

/소명 사건을 기록한다(여기서 회심과 소명을 동시에 쓰는 이유는 그의 사건이 두 차원 모두에서 설명가능하기 때문이다. 학계에서도 이 두 가지 관점이 경쟁적으로 병존한다). 그것은 각각 9장, 22장 그리고 26장이다. 먼저 9장을 살펴보자.

"사울이 길을 가다가 다메섹에 가까이 이르더니 홀연히 하늘로부터 빛이 그를 둘러 비추는지라/ 땅에 엎드러져 들으매 소리가 있어 이르시되 사울아 사울아 네가 어찌하여 나를 박해하느냐 하시거늘 ... 너는 일어나 시내로 들어가라 네가 행할 것을 네게 이를 자가 있느니라 하시니/ <u>같이 가던 사람들은 소리만 듣고 아무도 보지 못하여 말을 못하고 서 있더라</u>/ 사울이 땅에서 일어나 눈을 떴으나 아무 것도 보지 못하고 사람의 손에 끌려 다메섹으로 들어가서/ 사흘 동안 보지 못하고 먹지도 마시지도 아니하니라"(3-9)

다메섹으로 기독교인들을 박해하러가는 사울에게 갑자기 하늘로부터 빛이 둘러 비춰며 일어난 이 사건은 목격자들이 있었다. 바로 바울을 동행한 사람들이다. 위의 기록에 따르면 이들은 소리만 들었고 빛은 보지 못하였다. 빛을 본 자는 사울 혼자라는 말이다. 그런데 이 기록을 22장의 것과 비교하면 문제가 생긴다. 그곳은 다른 상황을 보도하기 때문이다.

"내가 이 도를 박해하여 사람을 죽이기까지 하고 남녀를 결박하여 옥에 넘겼노니/ 이에 대제사장과 모든 장로들이 내 증인이라 또 내가 그들에게서 다메섹 형제들에게 가는 공문을 받아 가지고 거기 있는 자들도 결박하여 예루살렘으로 끌어다가 형벌 받게 하려고 가더니/ 가는 중에 홀연히 하늘로부터 큰 빛이 나를 둘러 비치매/ 내가 땅에 엎드러져 들으니 소리 있어 이르되 사울아 사울아 네가 왜 나를 박해하느냐 하시거늘 .../ **나와 함께 있는 사람들이 빛은 보면서도 나에게 말씀하시는 이의 소리는 듣지 못하더라**"(4-9)

이곳의 보도에 따르면 동행자들은 빛은 보았고 소리는 듣지 못하였다. 어떻게 된 일인가? 바울이 착각을 한 것인가? 아니면 누가기자가? 적어도 누가기자는 착각을 해서는 안 된다. 글을 쓰고 있는 입장에서 자신이 앞에 어떻게 기술했는지를 망각했다면 문제가 있기 때문이다. 더욱이 누가기자 스스로가 글 서두에 분명히 밝히지 않았던가! 근원부터 자세히 살폈노라고! 그렇다면 어떻게 된 것인가? 좀 더 논의하기 위해 일단 또 다른 장의 기록을 살펴보자.

"그 일로 대제사장들의 권한과 위임을 받고 다메섹으로 갔나이다/ 왕이여 정오가 되어 길에서 보니 하늘로부터 해보다 더 밝은 빛이 나와 내 동행들을 둘러 비추는지라/ 우리가 다 땅에 엎드러지매 내가 소리를 들으니 히브리말로 이르되 사울아 사울아 네가 어찌하여 나를 박해하느냐 가시채를 뒷발질하기가 네게 고생이니라"(26:12-15)

여기서는 분명한 설명이 결여되어있으나 밑줄 친 부분을 근거로 추론하면 사울만이 소리를 들은 것이고 동행들은 빛만 보았다. 실제로 사울과 동행들이 각각 무엇을 경험했는지를 논의하기 전에 누가기자의 일관성 없는 진술은 설명이 필요하다. 그가 스스로 밝힌 것과는 달리 근원부터 제대로 살피지 않고 기술 했을까? 아니면 그 무슨 깊은 뜻이 있는 것일까?

바울은 초대교회에 중요한 인물이었다. 누가기자도 이를 충분히 인식하였다. 그러기에 그는 자신의 두 번째 기록인 사도행전에서 후반부를 할애하여 오로지 그에 대한 기록으로 채우고 있지 않은가! 이런 중요한 인물의 이야기는 매우 귀한 것이다. 그러기에 그런 이야기들은 기록자들에게 어느 것 하나 빠뜨리고 싶지 않은 것들이다. 문제는 버전이 다른 이야기가 전해져 올 경우다. 구체적으로 예를 들자면, 만일 우리의 할아버지와 할머니들의 어릴 적 이야기들이 버전이 달리 전해져 내려왔고 더 이상 그분들이 살아 계시지 않을 경우 우리는 어떻게 할까? 전해들은 할머니 할아버지의 가족사를 자식들에게 이야기할 때 어느 버전을 따를까? 아마도 십중팔구는 때로는 이 버전을 때로는 저 버전을 따라 이야기 할 것이다. 왜냐하면 어느 것 하나 내버리기에는 아깝고 실제로 어떤 사건이 일어났는지 우리로서는 판단할 능력이 없기 때문이다. 누가기자도 동일한 결정을 내렸을 것이다. 일반적으로 알려진 것과는 달리 누가는 바울의 동행자가 아니었던 것 같다. 만일 동행자였다면 회심/소명과 같은 바울 인생사의 중요한 사건을 이처럼 혼돈스럽게 알 리 없기 때문이다. 동일한 의심을 받을 만한 부분이 또 있다. 그는 바울을 결코 사도라 부르지 않는다. 행전 14장에서만 그것도 바나바와 더불어 두 번에 걸쳐 사도라 부르고는 전체 행전에서 사도명칭을 사용하지 않는다. 사도 명칭은 그에게 있어서 오로지 열두 제자들을 위해 예약된 것이었다. 만일 그가 바울의 동행자였다면 바울이 가장 싫어하는 것이 그의 사도권 무시임을 알았을 것이고 자신의 글에서 바울을 사도라 부름으로써 지금과 같은 실례를 피하였을 것이다.

그렇다면 누가기자야 그렇다 치고 원래 사건은 어떻게 진행되었을까? 과연 바울의 동행자들은 보았을까? 들었을까? 누가의 기록에 따르면 1대 2로 후자가 높은 가능성을 갖지만 사건 후 바울의 행적을 보아선 -시력을 일시적으로 잃어버림- 전자의 가능성이 높다. 바울이 쓴 갈라디아서에 따르면 그는 분명 눈병을 앓았다.

"내가 처음에 육체의 약함으로 말미암아 너희에게 복음을 전한 것을 너희가 아는 바라/ .../ 너희의 복이 지금 어디 있느냐 내가 너희에게 증언하노니 너희가 할 수만 있었더라면 너희의 눈이라도 빼어 나에게 주었으리라"(갈 4:13-15)

갑자기 엄청나게 환한 빛을 접하였음으로 생긴 후유증이 아닐까? 확실한 답은 그러나 여기서 알 수 없다. 훗날 하늘에서 바울 사도에게 물어 보자! 그가 정확히 답해 주리라!

출생비밀?

예수님의 출생기사는 신약성서에서 마태와 누가만 전하고 있다. 마가의 경우 갑자기 혜성처럼 나타난 성인(成人) 예수님을 소개하며 시작하지만 마태와 누가는 출생 이전부터 차근차근 이야기를 풀어나간다. 그런데 두 사람은 예수님의 출생과 연관하여 서로 다른 이야기를 우리에게 소개하고 있다. 세 가지의 것에서 그들의 기록은 서로 다르다. 먼저 예수님의 고향이 그렇고, 다음으로 방문객이 그러하며 마지막으로 예수님 부모와 국가 권력 간의 관계가 상이하다. 먼저 고향부터 따져보자. 일반적으로 태어난 곳은 베들레헴, 고향은 나사렛이라 알려져 있다. 그러나 이 답은 오로지 누가복음에 근거한 것이다.

"요셉도 다윗의 집 족속인 고로 갈릴리 나사렛 동네에서 유대를 향하여 베들레헴이라 하는 다윗의 동네로/ 그 정혼한 마리아와 함께 호적 하러 올라

가니 마리아가 이미 잉태 되었더라/ 거기 있을 그 때에 해산할 날이 차서/ 맏아들을 낳아 강보로 싸서 구유에 뉘었으니..."(눅 2:4-7)

이 구절들에 따르면 베들레헴은 단지 예수님의 출생지이다. 39절에 보면 "본 동네 나사렛"이라는 표현이 나오는데 이를 근거로 우리는 예수님의 고향을 나사렛이라 말한다. 그런데 마태복음은 다른 내용을 기록하고 있다. 마태기자에 따르면 예수님의 부모는 나사렛에 살던 사람들이 아니다.

"그러나 아켈라오가 그 부친 헤롯을 이어 유대의 임금 됨을 듣고 거기로 가기를 무서워하더니 꿈에 지시하심을 받아 갈릴리 지방으로 떠나가 나사렛이란 동네에 와서 사니 이는 선지자로 하신 말씀에 나사렛 사람이라 칭하리라 하심을 이루려 함이러라."(마 2:22이하)

위 본문에서 드러나듯 나사렛은 예수님의 부모가 애굽으로 피난하였다가 되돌아오는 길에 유대로 가지 않고 갈릴리로 이주하여 정착하는 곳이다. 우리는 "거기로(유대로) 가기를 무서워하더니"라는 표현에서 본래 행선지가 유대이어야 함을 간접적으로 파악할 수 있다. 베들레헴이 위치한 유대가 이들의 고향이기 때문이다. 꿈의 지시로 이들은 고향으로 가지 못하고 갈릴리 지방의 나사렛으로 이주하여 그곳을 고향삼아 정착한다. 따라서 이들은 예전에는 나사렛에서 살지 않았다. 누가에게서처럼 베들레헴으로 호적을 하러 갔다는 기사는 그러나 마태복음에서 찾아볼 수 없다. 동방박사들이 베들레헴을 천신만고 끝에 찾았을 때 이들은 이미 그곳에 있었고 아마도 그곳에 오래전부터 살고 있었던 것 같다. 그러기에 피난 후에 베들레헴으로 돌아가려 하지 않았던가! 따라서 마태의 기록에 의하면 베들레헴이 예수님 부모의 본래 고향이고 나사렛은 어쩔 수 없이 살게 된 곳이다.

다음으로 예수님 탄생 축하 방문객을 알아보자. 마태에 따르면 박사들은 먼 동방에서 별을 보고 유대땅 예루살렘으로 찾아와 유대인의 왕으로 나신 이를 경배하고자 한다.

"헤롯왕 때에 예수께서 유대 베들레헴에서 나시매 동방으로부터 박사들이 예루살렘에 이르러 말하되/ 유대인의 왕으로 나신 이가 어디 계시뇨 우리가 동방에서 그의 별을 보고 그에게 경배하러 왔노라 하니 .... 박사들이 왕의 말을 듣고 갈 쌔 동방에서 보던 그 별이 문득 앞서 인도하여 가다가 아기 있는 곳 위에 머물러 섰는지라"(마 2:1-9)

이들의 방문이 있었던 바로 그날 밤 예수님의 아버지 요셉은 유대 왕 헤롯이 아기 예수의 생명을 노린다는 것을 꿈을 통해 알고는 일어나 애굽으로 야간도주한다. 따라서 동방박사들의 방문이 아기 예수 출생의 축하 방문객 전부이다. 그러나 누가는 이들의 방문에 대해서 일체 함구한다.

"그 지경에 목자들이 밤에 자기 양떼를 지키더니/ 주의 사자가 곁에 서고 주의 영광이 저희를 두루 비취매 크게 무서워하는지라/ 천사가 이르되 무서워 말라 보라 내가 온 백성에게 미칠 큰 기쁨의 좋은 소식을 너희에게 전하노라/ 오늘날 다윗의 동네에 너희를 위하여 구주가 나셨으니 .... 천사들이 떠나 하늘로 올라가니 목자가 서로 말하되 이제 베들레헴까지 가서 주께서 우리에게 알리신바 이 이루어진 일을 보자 하고"(눅 2:8-15)

누가에서 등장하는 방문객들은 들에서 양을 치던 목자들이다. 천사가 나타나 구주의 탄생을 알리고 이들은 아기를 방문한다. 이들이 방문하고 돌아간 지 팔 일만에 아기 예수는 모세의 법대로 할례를 받는다. 아마도 베들레헴에 머무는 중에 시술된 것 같다. 그러나 그 사이 혹 동방 박사들의 방문이 있었는지에 대해서는 전혀 언급이 없다. 만일 방문이 있었다면 "모든 일을 근원부터 살핀" 누가에 의해 기록되어야 하는 것이 정상일 텐데 유감스럽게도 일언의 기록도 찾아 볼 수 없다. 동방박사들이 방문했었다면 그것은 목자들의 방문 이후일 수밖에 없다. 왜냐하면 위에서 보았듯이 박사들의 방문이 있던 날 밤 예수님과 부모는 애굽으로 이주했기 때문이다. 따라서 우리는 다음과 같은 결론을 내릴 수 있다. 누가는 동방박사들의 방문에 대해 몰랐고 마태는 목자들의 방문에 대해 몰랐다.

마지막으로 예수님 부모와 국가 권력 간의 관계이다. 누가에 따르면 요셉은 만삭의 몸이 된 약혼녀를 데리고 호적 하러 고향 베들레헴으로 올라간다. 대단한 정성이 아닐 수 없다. 약혼녀가 과연 동반해야 했을까? 결혼한 사이가 아니면 아직 호적의 필요가 없을 텐데 요셉은 마리아를 데리고 베들레헴으로 찾아간다. 이 이야기의 시사점은 분명하다. 호적이란 세금징수와 밀접한 관계를 갖고 있으므로 기꺼이 호적 하러 올라가는 예수님 부모 모습은 성실한 납세자의 그것이다. 당시 권력과 그 어떠한 조그마한 갈등도 찾아볼 수 없다. 모범적인 백성의 모습이다. 이와는 달리 마태에게서 읽는 예수님 부모는 당시 권력자와 심각한 갈등관계에 처하며 결국 야간 도주한다. 물론 누가에게서 등장하는 권력은 로마 황제 아우구스투스(아우구스도)이며 마태에게서 나타나는 권력은 유대의 분봉왕 헤롯이다. 당시 로마가 팔레스타인을 점령하여 속국으로 삼고 있었음을 생각하면 그러나 이러한 차이는 없는 것과 마찬가지다. 그렇다면 동일한 권력에 대해 한쪽에선 갈등을, 한쪽에선 조화를 보도한다.

이 출생 기사들 중 어느 것이 역사적 사실일까? 안타깝게도 우리는 이를 판단할 능력이 없다. 결국 출생비밀로 남아야 할 것이다.

임마누엘의 비밀

"보라 처녀가 잉태하여 아들을 낳을 것이요 그의 이름은 임마누엘이라 하리라 하셨으니 이를 번역한 즉 하나님이 우리와 함께 계시다 함이라"(마 1:23)

위 말씀은 예수님의 탄생을 요셉에게 알려주며 주의 사자가 마지막으로 덧붙이는 말이다. 태어날 아기의 존재를 이처럼 이해하고 싶다는 의도이다. 즉, 예수는 하나님이 우리와 함께 계심을 느끼게 하는 존재라는 뜻이다. 이는 특히 21절에서 아기의 이름이 예수라 불릴 것을 언급하고서 연이어 본 구절이 인용됨에서 분명히 드러난다. 저자는 아기가 예수 임마누엘이라 불릴 것을 의도한 것이 아니라 예수가 임마누엘이라는 의미를 지닌 인물이라 묘사하고자 했던 것이다. 이러한 의도는 마태복음의 마지막 구절에서 다시 드러난다.

"... 볼지어다 내가 세상 끝 날까지 너희와 항상 함께 있으리라"(28:20)

물론 이곳에서 임마누엘이라는 단어는 접할 수 없다. 그러나 부활하신 예수는 약속의 형태로 임마누엘의 뜻을 선포하신다. "너희와 함께 있으리라." 이 약속은 "세상 끝 날까지"라는 표현을 통해 한층 강화된다. 이처럼 마태복음의 앞부분과 뒷부분에 공히 임마누엘의 메시지가 등장한다는 것은 마태기자가 사람들이 자신의 복음을 임마누엘 하나님에 대한 복음으로 이해하기를 원했다는 증거다. 마태복음은 그렇다면 예수님을 통해 나타나는 함께 하시는 하나님에 대한 복음이다. 이러한 메시지가 강조되는 곳은 어디일까? 어떤 상황에서 함께 계신다는 약속의 메시지가 가장 큰 효과를 발휘할까?

어렵지 않게 추측 가능한 장소와 상황은 신이 떠났다고 느껴지는 곳과 시기이다. 모두들 신이 자신들을 버리고 떠났다고 생각하는 시기와 장소에 이러한 메시지는 중요한 의미를 갖는다. 아니 신은 떠나지 않았고 바로 우리 옆에, 우리와 함께 계신다! 특별히 약속을 강화시키는 "세상 끝 날까지"라는 표현은 그 상황이 어떠한지 보다 정확히 묘사한다. 지금은 "세상이 끝"난 것처럼 느껴지는 상황이다. 팔레스타인 사람들에게 언제가 과연 그러했을까?

마태복음 22장의 (혼인)잔치 비유는 비슷한 내용의 누가복음 비유와 확실한 차이점을 7절에서 드러낸다.

"임금이 노하여 군대를 보내어 그 살인한 자들을 진멸하고 그 동네를 불사르고"

이 부분은 마태기자가 아마도 첨가한 부분인데 그는 70년에 일어난, 로마군에 의한 예루살렘 멸망을 염두에 두었던 것 같다. "진멸하고 ... 불사르고"와 같은 파괴형태가 일어나 "돌 하나도 돌 위에 남(기)지 않고 다 무너뜨려"진 것이(24:2) 당시 예루살렘의 상황이었다. 반면 이러한 파괴의 책임자였던 로마 황제 가문 플라비안(Flavian)가는 하나님의 전을 파괴했음에도 신으로부터 천벌을 받기는커녕 마치 영원히 권좌에 머무를 것처럼 아버지 베스파시안

(Vespasian)이 죽자 첫 아들 티투스(Titus)가 권력을 이었고 그리고 그가 죽자 둘째 아들 도미치아누스(Domitianus)가 또 다시 권력을 이어 10년이 넘도록 황제로서 전권을 행사하고 있지 아니한가!

이런 상황이 예루살렘 성전을 잃은 유대인들에게는 신이 떠난 상황이 아닐 수 없었을 것이다. 실제로 고대에는 전쟁을 통해 한 민족이 다른 민족에게 패하면 그들이 섬기고 있는 신들이 서로 싸워 한 신이 다른 신에게 진 것이라 여겼다. 그러기에 예루살렘 성전의 멸망은 야훼 신의 패배와 떠남으로 이해될 소지가 대단히 높았다. 야훼 신이 떠난 유대사람들에게는 그들이 현재 머무는 곳이 바로 세상 끝이요 그런 상황이 바로 세상 끝 날이다. 이런 상황에서 마태 기자는 자신의 복음서 독자들에게 위로와 사고의 전환을 선포하는 것이다. 아니 지금은 세상의 끝이 아니며 하나님은 우리를 떠나지 않으셨고 세상에 오신 예수님을 통하여 우리와 함께 계신다. 예루살렘이 파괴되어 소망이 없어진 바로 지금에도 그리고 앞으로도 영원히!

이 같은 마태 기자의 메시지는 복음서 서두에 이미 투영되어있다. 1장 17절에 따르면 14대의 수가 마치 공식처럼 반복하여 등장한다.

"그런즉 모든 대 수가 아브라함부터 다윗까지 열네 대요 다윗부터 바벨론으로 사로잡혀 갈 때까지 열네 대요 바벨론으로 사로잡혀 간 후부터 그리스도까지 열네 대더라."

열심 있는 독자라면 누구든지 마태의 족보내력이 누가복음에서 접할 수 있는 그것과(눅 3장) 다르다는 것을 알 수 있을 것이다. 이름이 다른 것은 차치하고라도 세대의 수에 있어서 마태의 것이 현저히 부족하다. 구약의 기록과 비교해도 마태의 것은 절대적 열세다. 열네 대와 같은 시대적 구분은 인위적인 요소가 매우 강하다. 마태가 추구한 것은 역사의 상징적 의미였다. 즉, 역사 속에서 반복적으로 일어나는 하나님의 섭리를 보이고자 했던 것이다. 따라서 열네 대라는 수는 다른 수와 바뀔 수도 있다. 중요한 것은 역사의 시기에 대한 이해다.

마태는 먼저 아브라함에서 다윗까지를 하나의 시기로 언급한다. 민족의 조상 아브라함에게서 시작하는 것은 당연하다. 그렇게 시작된 민족이 역사적으로 최고의 정점에 도달하는 때는 바로 다윗 왕의 시기다. 그는 이스라엘의 영토를 확장하고 왕권을 확실히 정립한 인물이기 때문이다. 오늘날까지도 다윗에 대한 이미지는 확고부동하다. 십여 년 전 이스라엘의 국가 이익만을 고집스럽게 추구했던 네탄야후라는 정치가가 등장했을 때 이스라엘 사람들은 그를 다윗 왕이라 부르곤 했다. 그만큼 다윗 왕에 대한 절대적 이미지는 이스라엘 역사에서 오늘날까지 전해 내려오고 있다. 역사의 최고 정점 다윗 왕에게서 다음으로 이어지는 시기는 이스라엘의 가장 치욕스런 순간이던 바빌론 포로기다. 민족의 주권과 독립을 잃고 포로로 잡혀간 이 시기는 다윗왕의 시기와 전혀 상반된 역사의 최저점이다. 바로 이 시기부터 예수의 시기를 마태 기자는 역시 열 네 대라 말한다. 또 하나의 새로운 시기라는 뜻이다. 아브라함에서 다윗에 이르렀을 때 역사적 최고점에 도달했던 것처럼 이제 바빌론의 치욕에서 예수에게로 이르면 다윗의 때를 훨씬 능가하는 새로운 역사적 정점에 도달할 것이라는 기대와 소망이 바로 그가 의도하는 바다.

바빌론의 포로기와 같은 시기가 바로 예루살렘 성전의 파괴를 경험한 지금의 시기이다. 마태는 따라서 바빌론 시기를 자신이 처한 시기로 이해했고 예수의 오심을 역사가 반전되는 시기로 이해한다. 물론 예수님의 오심은 마태가 글을 쓰던 때에 이미 일어난 일이다. 그러나 마태는 이미 오신 예수 사건에서 동시대인들이 미처 보지 못하는 함께 계시는 하나님을 보는 것이다. 따라서 마태에 따르면 28장의 "하늘과 땅의 모든 권세를" 가지신 예수를 지금이라도 만나는 사람은 임마누엘 하나님을 확신하게 될 것이며 다윗의 시대와 같은 새로운 시대의 영광과 도래를 얼마지 않아 경험하게 될 것이다. 이 같은 마태의 초대는 2000년이 지난 오늘날 우리에게도 여전히 유효하지 않을까? 우선 "하늘과 땅의 모든 권세를" 가지신 예수를 한번 만나볼 일이다.

거침없이 세상으로!

"왕께서는 이 일을 아시기로 내가 왕께 담대히 말하노니 이 일에 하나라도 아시지 못함이 없는 줄 믿나이다 이 일은 한편 구석에서 행한 것이 아니로소이다"(행 26:26)

이 말은 사도행전 기자 누가가 전하는 사도 바울의 말이다. 그는 아그립바 왕 앞에서 예수사건에 대해 말하며 그것이 세상의 한편 구석에서 일어난 일이 아니라 한다. 이것은 바울과 누가의 희망사항이다. 이 사건은 실은 세상의 한편 구석 그것도 거의 주목을 받지 못하는 곳에서 일어났다. 당시에 팔레스타인은 로마제국의 변방에 위치했으며 자원도 충분치 않고 땅덩어리도 크지 않아 중요한 가치를 지니지 못했다. 그 변방 팔레스타인의 중심지인 유대 땅 예루살렘도 아니고 그곳에서 다시금 변두리인 갈릴리 지역에서 그것도 당시 새로 세워진 세포리스 같은 신도시도 아니라 나사렛이라는 촌 동네에서 태어난 인물이 바로 예수님이다. 말 그대로 세상 구석이 아닐 수 없다. 그러나 역사 속에서 하나님의 섭리를 읽고자 하는 누가는 이를 달리 본다. 이것은 세상 변두리 한 구석에서 일어난 흔한 일이 아니다. 그렇다면 누가는 이를 어떻게 증명하고 있는가?

제일 먼저 눈에 띄는 것은 누가 복음 3장 1절 이하의 내용이다. 마가와 마태와는 달리 누가는 예수 사건의 시작인 세례요한의 광야 활동을 기술하며 상세한 세계사적 맥락을 짚고 넘어간다.

"디베료 가이사가 위에 있은 지 열다섯 해 곧 본디오 빌라도가 유대의 총독으로, 헤롯이 갈릴리의 분봉왕으로, 그 동생 빌립이 이두래와 드라고닛 지방의 분봉왕으로, 루사니아가 아빌레네의 분봉왕으로/ 안나스와 가야바가 대제사장으로 있을 때에 하나님의 말씀이 빈 들에서 사가랴의 아들 요한에게 임한지라"(눅 3:1 이하)

누가는 로마 황제 티베리우스에서부터 시작함으로

써 예수 사건이 세계사적 의미를 지니고 있음을 강조한다. 위의 기록을 요즘 식으로 말하면 대략 다음과 같다.

"조오지 더블류 부시가 미국 대통령으로 재임한지 7년에, 토니 블레어가 영국 수상으로 재임한지 10년에, 앙겔라 메르켈 독일 총리가 재임한지 3년에, 사르코지가 블란서 대통령으로 선출된 해에, 노무현 대통령이 대한민국의 수반으로 재임한지 5년에, 오세훈씨가 서울시장으로 재임한지 2년에, 서대문구 아현동에서 홍길동이 태어나 활동하다."

이 기록을 읽으면 홍길동은 사실상 세계사를 움직이고 있는 현재의 위정자들과 어깨를 견줄만한 대단한 잠재성을 가진 인물이며 그의 활동은 아무도 모르는 세상 구석 변두리에서가 아닌 세계사의 중요한 무대에서 그것과 밀접한 연관을 갖고 시작됨이 간접적으로 드러난다.

누가는 여기서 멈추지 않는다. 그는 먼저 변두리 갈릴리에서 시작된 예수 사건이 당시 팔레스타인의 중심지인 예루살렘으로 이동하는 모습을 그린다. 물론 갈릴리에서 예루살렘으로의 이동은 마가복음에 이미 기록된 이야기 줄거리다. 그러나 누가는 유난히도 갈릴리에서 예루살렘으로의 이동을 무려 열 장의 기록을 통해 확대 기술하고 있다(눅 9:51-19:28).

"예수께서 승천하실 기약이 차가매 예루살렘을 향하여 올라가기로 굳게 결심하시고/ .../예수께서 예루살렘을 향하여 가시는고로..."(눅 9:51.53)

"예수께서 이 말씀을 하시고 예루살렘을 향하여 앞서서 가시더라"(눅 19:28)

예수 사건의 무대가 변두리에서 팔레스타인의 중심지로 이동하고 있음을 강조하는 것이다. 나아가 누가는 예루살렘에서의 고난에서 멈추지 않고 부활 사건도 예루살렘으로 국한한다. 마가나(막 16:7) 마태가(마 28:7.16) 갈릴리에서의 부활 현현을 기록하는 반면 누가는 부활 사건을 예루살렘과 그 주변(엠마오)에서 일어난 것으로 보도한다.

"...예수께서 너희보다 먼저 갈릴리로 가시나니 전에 너희에게 말씀하신대로 너희가 거기서 뵈오리라..."(막 16:7)

"열 한 제자가 갈릴리에 가서 예수의 명하시던 산에 이르러/ 예수를 뵈옵고 경배하나..."(마 28:16 이하)

특히 누가복음 24장 49절 이하는 제자들에게 나타나 손과 발을 보이시며 생선 한 토막을 잡수시는 부활 현현 사건이(요한복음 21장에 따르면 이와 비슷한 사건이 갈릴리에서 일어난다) 갈릴리가 아닌 예루살렘 근처에서 일어났음을 알려준다.

"...너희는 위로부터 능력을 입히울 때까지 이 성에 유하라 하시니라/ 예수께서 저희를 데리고 베다니 앞까지 나가사..."(눅 24:49 이하)

예수 사건의 갈릴리 변두리성(性)을 탈피시키는 것이다. 누가는 자신의 두 번째 작품인 사도행전에서도 이 같은 입장을 견지한다. 승천하시는 예수님은 제자들에게 예루살렘을 떠나지 말 것을 명하시며 복음이 어떠한 경로로 세상에 전파될 지를 미리 알리신다.

"오직 성령이 너희에게 임하시면 너희가 권능을 받고 예루살렘과 온 유대와 사마리아와 땅 끝까지 이르러 내 증인이 되리라 하시니라"(행 1:8)

예루살렘에서 시작하여 온 유대와 사마리아와 땅 끝까지 이르러 증인이 되는 루트는 실제로 사도행전의 목차이다. 오순절 사건과 더불어 예수 운동은 예루살렘에서 폭발적인 성장을 시작하고(행 2장-5장) 스데반이 죽임을 당함과 더불어 시작된 교회 핍박으로 복음은 유다와 사마리아 모든 땅으로 전파된다(행 8:2.4).

"그 날에 예루살렘에 있는 교회에 큰 핍박이 나서 사도 외에는 다 유대와 사마리아 모든 땅으로 흩어지니라"(행 8:2)

"그 흩어진 사람들이 두루 다니며 복음의 말씀을

전할새"(행 8:4)

특별히 사도행전 8장에서는 사마리아 전도에 이어 에디오피아 사람이 세례 받는 사건을 통해 복음이 보다 넓은 지역으로 전파됨을 기술하고 있다. 스데반의 죽음을 먼발치에서 목격한 사울이 회심 후(행 9장) 안디옥을 중심으로 활동하는 모습은 역시 같은 맥락에서 이해된다. 사도행전 후반부를 장식하는 바울의 활동이 결국은 로마로 이동하는 모습을 전하는 것도 역시 세계사적 의미를 읽고자 한 누가의 관심사다. 특히 28장 31절은 로마로 이송된 바울이 그곳에서 아무런 방해 없이 말씀을 전하는 모습을 그리고 있는데 이것은 예수 사건이 세상 한 구석에서 일어나지 않았고 누가복음 3장에서 예견된 것처럼 세계사와 맥락을 갖고 이제 세계사의 중심부에서 자유롭게 전파되고 있음을 알리는 것이다. 누가는 이를 강조하기 위해 사도행전 28장 31절 말씀을 "방해 받지 않은 채"라는 부사로 마친다. 사도행전을 읽은 사람은 이제 복음이 제국의 중심부 로마에서 '거침없이' 전파됨을 어렵지 않게 상상할 수 있다. 그러기에 누가에게는 나사렛 예수의 사건이 세상 구석의 별 볼일 없는 사건이 아니라 세계사적 의미를 지닌 사건이다.

누가의 이러한 기술은 결국 200년 후 실현된다. 로마제국은 기독교를 국교로 받아들였고 이것은 유럽 전체에 지속적으로 영향을 주며 그 문화를 각인 시켰다. 로마에서 자유롭게 전파된 복음은 결국 유럽 전역과 신대륙으로 넘어가 이제는 아시아와 아프리카로 확대되지 않았던가! 누가의 희망사항은 이제 현실이 되었다. 예수 사건은 결코 세상 구석에서 일어난 일이 아니었다. 거침없이 온 세상에 전파된 대단한 세계사적 사건이었다.

염려 말라?

"...내가 너희에게 이르노니 목숨을 위하여 무엇을 먹을까 무엇을 마실까 몸을 위하여 무엇을 입을까 염려하지 말라 목숨이 음식보다 중하지 아니하며 몸이 의복보다 중하지 아니 하냐/ 공중의 새를 보라 심지도 않고 거두지도 않고 창고에 모아들이지도 아니하되 너희 하늘 아버지께서 기르시나니 너희는 이것들보다 귀하지 아니하냐/ ... /또 너희가 어찌 의복을 위하여 염려하느냐 들의 백합화가 어떻게 자라는가 생각하여 보라 수고도 아니하고 길쌈도 아니 하느니라"(마 6:26-28)

어려울 때 마다 항상 용기와 힘을 주시는 이 말씀을 찬찬히 뜯어 읽다보면 의문이 생긴다. 어떻게든 일을 하면 비록 넉넉하지는 못하더라도 입에 풀칠은 할 수 있는데 왜 염려를 할까? 일하지 않으면서 염려하는 것은 당연하지 않은가? 일하다 보면 짓누

르는 염려는 그래도 조금이나마 피할 수 있지 아니한가? 이런 일련의 의문들은 최종적으로 다음과 같은 질문을 제기한다. 이 말씀이 과연 우리 같은 일반 사람들에게 처음부터 주어진 말씀일까?

본문을 살피다 보면 역시 의문이 가는 사항이 있다. 공중의 새와 들의 백합화가 과연 아무런 일을 하지 않는가 하는 것이다. 어미 새가 열심히 먹이를 날라다 주지 않으면 새끼 새들은 굶어죽고 만다. 어느 정도 크고 나선 자기 먹을 것을 위해 하루 종일 날아다니며 모이를 찾지 못하면 역시 새들도 제대로 생을 이을 수 없다. 외국 속담 중 일찍 일어나는 새가 벌레를 잡아먹는다는 말이 있지 아니한가! 1세기 팔레스타인에도 새들의 열심에 대해선 익히 알려졌다. 마카비 4서의 14장 15절에서 17절을 보자.

"새들을 살펴보자. 그 연약한 것들은 집 지붕아래 둥지를 틀어 자기 새끼들을 보호한다. 어떤 것들은 산꼭대기 위에나 협곡의 암벽에 또는 나무의 틈새나 그 꼭대기에 둥지를 짓고 새끼들을 부화하며 외부 침입자들을 막으려 노력한다. 이를 제대로 막지 못했을 경우 안달하며 새끼들 주위에서 격렬히 날개 짓을 하거나, 사랑과 걱정에 사로잡혀 그들의 언어로 소리치며 할 수 있는 한 새끼들 편에 서려한다."

새끼를 키우기 위한 새들의 노력이 숨김없이 드러나는 본문이다. 이런 어미들의 노력, 곧 일이 없다면 새끼들이 제대로 자랄 수 없다. 식물의 경우도 마찬가지다. 비록 예수님 시대에는 자연과학적 메카니즘이 미처 인식되지 못하였어도 식물이 열심히 뿌리를 내려 물을 빨아들이고 햇빛을 향하여 몸부림을 쳐야 제대로 자랄 수 있다는 것이 알려졌을 것이다. 오늘날 말하는 광합성을 위해 식물이 노력해야 함을 말이다. 그런데 본문에선 이들이 마치 전혀 일하지 않는 존재들로 진술된다. 왜 일까?

그것은 의도되었기 때문이다. 일할 수 있는데도 일하지 못한다면 걱정되기 마련이다. 무엇을 먹을까 무엇을 입을까 걱정된다. 일할 처지가 못 되니 염려가 생기지 않을 수 없다. 본문은 바로 이런 자들을 위한 것이다. 그렇다면 예수님의 제자들을 염두에 두지 않을 수 없다. 하나님의 나라를 전파하기 위해 이들은 생업을 포기 했다. 가족도 버려두었다. 오로지 이제 곧 다가올 하나님의 나라를 위해 헌신한 사람들이다. 그러나 현실은 냉혹하다. 항상 먹을 것이 넘치지는 않았다. 굶는 적도 많다. 이런 차가운 현실을 돌아보면 염려하지 않을 수 없다. 생각 같아서는 나가서 고기 잡고 농사짓고 싶었을 것이다. 그러나 고기 잡고 씨 뿌릴 수가 없다. 말씀을 전파하고 병자를 고쳐야 하기 때문이다. 그러니 염려가 생긴다. 오늘은 무엇을 먹을까? 낡아 떨어진 옷을 무엇으로 대신할까? 이런 모든 염려에 예수님은 위 본문의 말씀으로 위로하시는 것이다. 공중의 새나 들의 백합화를 일하지 않는 존재로 묘사함으로써 말이다. 그러기에 말씀의 끝에는 다시 분명히 목표를 밝히신다.

"너희는 무엇을 먹을까 무엇을 마실까 하여 구하지 말며 근심하지도 말라/ 이 모든 것은 세상 백성들이 구하는 것이라 너희 아버지께서는 이런 것이 너희에게 있어야 할 것을 아시느니라/ 다만 너희는 그의 나라를 구하라 그리하면 이런 것들을 너희에

게 더하시리라"(눅 12:29-31)

그의 나라 곧 하나님의 나라만을 구할 것을 예수님은 다시금 강조하시는 것이다. 즉, 제자들의 본연의 모습을 잃지 말라는 뜻이다. 하나님 나라를 위해 모든 것을 버리고 떠났으니 비록 현실에서 배고픔과 벌거벗음이 있다하더라도 하나님 나라만을 구할 것을 잊지 말라. 그리하면 아버지께서 너희 필요를 채우시리라!

따라서 위 본문을 근거로 평범한 우리가 어줍지 않게 일손을 놓아서는 안 된다. 무엇을 먹을까 무엇을 입을까 우리는 염려해야 한다. 다만 그렇게 하나님 나라를 위해 헌신하는 사람들을 대신 염려해서 우리가 얻은 것으로 함께 나눌 일이다. 하나님 나라에 대한 그들의 전적인 헌신에 우리도 간접적으로 참여할 수 있도록 말이다.

엽기적 사도

만일 시골 사람이 한 번도 가보지 못한 대도시의 사람을 만나 대화한다면 말과 행동에 있어 어딘가 없이 조심스러울 것이다. 그곳의 제도나 문화, 관습 등에 대한 인식이 충분치 못하거나 전무한 까닭이다. 특별히 나름대로 세계의 중심지라 불리는 곳이 대화상대의 거주지일 경우 각별한 주의를 기울일 것이다. 자신이 여러 번 원했으나 이런 저런 일로 미처 한 번도 가보지 못한 로마에 편지를 쓰는 바울의 경우도 이와 크게 다를 바 없었을 것이다. 더욱이 로마의 교회는 앞서 언급한 것처럼 자신이 세운 교회도 아니요 개인적으로 누구를 알고 있지도 못하는 교회다. 교회 구성원들 중에는 어쩌면 사회적 지위가 지금까지 바울이 접했던 사람들과는 비교가 안 될 상류층의 사람들도 있을 수 있다. 바울이 비록 당대 최고의 유대교 학자였다 하더라도 제국의 수도였던 로마의 사람들 가운데는 바울을 능가하는 학자도 있었을 수 있다. 어쨌든 제국의 변두리 출신인 바울이 중심지인 로마에 처음으로 편지를 쓸 상황은 지금까지 다른 서신을 쓸 때와는 판이한, 무척이나 조심스런 상황이었을 것이다. 그런데 특이하게도 바울은 조심스런 모습과는 다른 대담한 그것도 지나치리만큼 대담한 모습을 보인다. 변방의 자존심일까? 아니면 바울 사도의 무모한 엽기일까? 아무튼 이것이 극명히 드러나는 부분인 로마서의 도입부를 살펴보자.

"예수 그리스도의 종 바울은 사도로 부르심을 받아 하나님의 복음을 위하여 택정함을 입었으니/ 이 복음은 하나님이 선지자들을 통하여 그의 아들에 관하여 성경에 미리 약속하신 것이라/ 그의 아들에 관하여 말하면 육신으로는 다윗의 혈통에서 나셨고 / 성결의 영으로는 죽은 자들 가운데서 부활하사 능력으로 하나님의 아들로 선포되셨으니 곧 우리 주 예수 그리스도시니라/ 그로 말미암아 우리가 은혜와 사도의 직분을 받아 그의 이름을 위하여 모든 이방인 중에서 믿어 순종하게 하나니/ 너희도 그들 중에서 예수 그리스도의 것으로 부르심을 받은 자니라/ 로마에서 하나님의 사랑하심을 받고 성도로 부르심을 받은 모든 자에게 하나님 우리 아버지와 주 예수 그리스도로부터 은혜와 평강이 있기를 원하노라"(롬 1:1-7)

얼핏 보기에 별 내용이 없어 보이는 이 부분은 자세히 보면 나름대로 당시의 어떤 형식을 따르고 있다. 먼저 본문의 구조를 보자. 바울은 스스로를 "예수 그리스도의 종," "사도"라 칭한다(1절). 그가 하나님으로부터 "택정함"을 받은 결과이다(2절). 이 "종"과 "사도"의 역할은 "하나님의 복음"을 위한 것으로(2절) 그 복음의 내용은 "아들에 관한 것"인데 그는 육신으로는 "다윗의 혈통으로 나셨고"(3절) "성결의 영으로는 ... 하나님의 아들로 선포"된 분으로 "우리 주"이시며 "그리스도"시다(4절). 유난히도 직분과 명칭이 많이 등장한다. 바울의 다른 편지에는 이러한 직분과 명칭의 집약은 관찰되지 않는다. 본문의 이러한 특징은 로마 시대의 황제의 편지를 한 번 살펴보면 어느 정도 이해가 간다.

"로마의 <u>최고 성직자</u>(Pontifex Maximus)이고, <u>호민</u>

관적 권력을 소유자며, 임명된 집정관인 나 티베리우스 클라우디우스 시이저 아우구스투스 게르마니쿠스 황제는 알렉산드리아시에 문안하노라. 너희의 사자인 티베리우스 클라우디우스 바르빌루스와, 아르케미도로스의 아들 아폴로니우스와, 레오니다스의 아들 카이레몬과 마르쿠스 율리우스 아스클레피아데스와 가이우스 율리우스 디오니시오스와 티베리우스 클라우디우스 파니아스와 포타몬의 아들 파시온과 사비온의 아들 디오니시오스와 아리스톤의 아들 티베리우스 클라우디우스 아폴로니우스와 가이우스 율리우스 아폴로니우스와 아폴로니우스의 아들 헤르마이스쿠스 등은 너희의 결의를 내게 전달하며 상세히 너희 도시에 대하여 보고함으로써 너희가 예전부터 간직하여왔고 따라서 내 기억에도 여전히 남겨있는 -이것에 대해서는 너희가 확신하여도 좋노라- 우리에 대한 선한 뜻에 나의 주목을 집중시켰노라..." (PLond 1912: 알렉산드라아시에 보낸 클라우디우스 황제의 편지: 출처: Ch.K. Barrett/C-J. Thornton, Texte zur Umwelt des Neuen Testaments, UTB fuer Wissenschaft 1591, Tuebingen: J.B. Mohr 1991, 52쪽)

본 서신의 저자 클라우디우스는 최고 성직자, 집정관, 호민관, 황제 등의 다양한 직분과 명칭을 서두에 적고 있다. 자신의 권위를 드러내는 글이기 때문이다. 바울이 자신의 직분인 종과 사도를 강조하고 그것의 배경을 장황하게 설명하는 이유는 이 같은 황제의 서신을 염두에 둔 것이다. 마치 황제가 서신을 적듯 바울은 사도와 종이라는 커다란 권위에 의지해 로마서를 적고 있는 것이다. 바울의 대담함은 여기서 그치지 않는다.

일반적으로 황제의 칙령 등의 서신은 로마에서 제국의 변두리로 전해진다. 변두리 사람들은 따라서 황제 서신의 형식에 익숙하다. 그런데 바울은 로마서에서 역으로 변두리 사람으로서 로마로 황제 서신의 형식을 빌려 편지를 쓰고 있는 것이다. 주객이 전도된 형태이다. 대담함이 지나쳐 엽기적 행동이라 아니할 수 없다. 일개 지방 출신의 전도자가 당대의 최고 권력지이고 중심지인 로마에 편지를 쓰는데 황제 서신의 양식을 빌려 쓰되 마치 로마가 제국의 변두리라도 되는 양 취급하고 있기 때문이다. 변두리의 자존심이라 단순히 평가하기에는 대담함이 지나치다. 바울의 이런 시도는 사도와 종이라는 자신의 신분과 그것을 위해 택정하신 하나님이 당시 최고의 권력자인 황제를 능가하는 분이며 로마라는 제국의 수도는 하나님의 입장에서 볼 때 일개의 지방이나 변두리 정도 밖에 아니라는 바울의 가치관에 근거한 것이다.

바울의 이러한 가치관은 물론 단순한 오기에서 나온 것이 아니다. 이미 그의 활동 시작부터 프로그램되어 있던 것이다. 이는 그의 활동 장소에 대한 짧은 관찰에서도 드러난다. 다소 출신이었던 그가 처음 활약한 곳은 시리아의 수도였던 안디옥이다. 물론 이 활동지는 그가 선택 했다기보다는 그의 인도자 바나바로 인한 것이다. 그가 바울을 불러 동역자로 삼았기 때문이다. 그러나 안디옥 사건 이후 바울은 홀로 선교를 시작해야 했다. 그의 여러 번에 걸친 선교 여행에서 점차적으로 그의 주 활동 무대가 모습을 드러낸다. 그것들은 크게 에베소, 데살로니가/빌립보, 고린도이다. 이들은 모두 대도시로 당대에 로마 제국을 이루고 있던 지방의 수도 격이었다. 에베소는 소아시아의 수도였으며 데살로니가는 마케도니아의 중심도시였고 고린도도 아가야의 중심지였다. 나름대로 로마 동편의 중심도시를 바울은 염두에 두고 선교한 것이다. 이러한 그의 활동지 분석은 그가 선교를 시작할 때 이미 로마 제국 전체를 머릿속에 두고 있었다는 추측을 가능케 한다. 로마서에서 드러났듯이 그는 일찍이 로마를 방문하기 원했었다. 에베소, 데살로니가/빌립보, 고린도, 로마로 이어지는 제국 선교의 계획이리라. 또한 그는 로마를 거쳐 제국의 서편까지 욕심내지 않았던가! 이렇게 제국 전체를 손바닥에 놓고 계획을 짰던 그에게 로마 제국의 수도 정도는 별것이 아닐 수밖에 없다. 모든 이방인의 전도자로서 당연히 제국의 경계를 뛰어넘어 그 이상을 보는 안목이 그에게 있었을 것이리라.

바울의 이러한 자존심과 자신의 직분에 대한 높은 평가는 변방의 열등의식이 역사를 거쳐 전수되어 이제는 사고방식의 일부가 되어버린 우리 한국 사람들에게 깊은 자각에 도전을 준다. 특히 예수를 믿는 이들은 바울의 자세를 반드시 배울 일이다. 우리도 바울처럼 전도자로서 부르심을 받지 않았는가!

담대함과 배짱의 멋진 한국 기독교인들의 모습이 아쉽다.

혼자는 외로워!

마태복음 기자는 독특한 성향이 있다. 혼자 있는 모습을 가능한 바꾸는 것이다. 대표적인 사건이 마가복음 5장에 기록된 거라사인의 귀신 축출사건이다. 마가는 이 사건을 다음과 같이 시작한다.

"예수께서 바다 건너편 거라사인의 지방에 이르러/배에서 나오시매 곧 더러운 귀신 들린 사람이 무덤 사이에서 나와 예수를 만나니라"(막 5:1-2)

귀신들린 사람은 분명 한 사람이다. 그런데 이것이 마태에서는 두 사람으로 바뀐다. 마태의 기록을 보자.

"또 예수께서 건너편 가다라 지방에 가시매 귀신 들린 자 둘이 무덤 사이에서 나와 예수를 만나니 그들은 몹시 사나워 아무도 그 길로 지나갈 수 없

을 지경이더라"(마 8:28)

지역명이 서로 달라 두 사건으로 볼 수도 있으나 진행되는 내용이 같으므로 동일 사건이라 보지 않을 수 없다. 지역명이 다른 것은 거라사 지방이 갈릴리호수에서 제법 떨어진 곳이라 아마도 마태기자가 보다 가까운 지역으로 교정하였을 것이다. 물론 가다라 지방도 갈릴리 호수로부터 그리 가까운 거리는 아니다. 동일 사건이라면 왜 마태는 한 사람을 두 사람으로 늘였을까? 만일 마태복음에서 이 사건만 보도 된다면 마태의 이야기와 마가의 이야기가 전달과정에서 어떻게 달리 각색되었다고 생각할 수 있다. 그러나 두 명으로의 확대는 이 사건에만 국한된 것이 아니다. 마태복음 20장 29절 이하를 보자.

"그들이 여리고에서 떠나 갈 때에 큰 무리가 예수를 따르더라/ <u>맹인 두 사람이</u> 길 가에 앉았다가 예수께서 지나가신다 함을 듣고 소리 질러 이르되 주여 우리를 불쌍히 여기소서 다윗의 자손이여 하니"

이 이야기는 마가에서 약간 다른 버전으로 발견된

다. 마가기록에는 시각장애인의 이름이 바디매오라 명시되어있다. 마가복음 10장 46절 이하를 보자.

"그들이 여리고에 이르렀더니 예수께서 제자들과 허다한 무리와 함께 여리고에서 나가실 때에 디매오의 아들인 맹인 거지 바디매오가 길 가에 앉았다가/ 나사렛 예수시란 말을 듣고 소리 질러 이르되 다윗의 자손 예수여 나를 불쌍히 여기소서 하거늘"

이름만 명시가 되었을 뿐 내용은 같다. 여리고에서 출발하는 상황도 동일하고 시각장애인이 소리 지르는 내용도 같다. 여기에 인용은 안했으나 조용히 하라 꾸짖는 청중의 반응도 같다. 동일한 사건을 보도하는 누가기자에게서 우리는 역시 한 사람의 시각장애인만을 발견한다. 앞선 거라사인의 사건도 누가는 한 사람만을 보도하고 있다.

여기서만 그치는 것이 아니다. 마태는 9장에서 역시 두 명의 시각 장애인의 치유를 기록하고 있다. 이 사건은 물론 마가에서 찾을 수 없다. 그러나 마가의 파인 튜닝 기적 사건이(막 8:22-26) 마태에서 생략된 것을 고려하면 마태의 해당 치유기사는 마가의 것과 밀접한 연관을 갖고 있다 하겠다. 두 사건의 유사한 내용은 치유 과정이 안수로 진행되는 것과 치유 사실을 공표하고 다니지 말도록 명한 부분이다. 도입부는 마태 20장 29절 이하를 생각나게 만든다.

"예수께서 거기에서 떠나 가실새 두 맹인이 따라오며 소리 질러 이르되 다윗의 자손이여 우리를 불쌍히 여기소서 하더니"(마 9:27)

이처럼 세 차례에 걸쳐 한 사람이 두 사람으로 확대된 것은 단순한 버전의 차이로만 설명할 수 없다. 이것은 마태 기자의 성향이다. 그런데 이유는 뭘까? 왜 마태는 한 사람을 두 사람으로 확대시키곤 하는가? 설득력 있는 설명은 마태의 유대적 배경에서 찾을 수 있다. 마태는 유대적 배경을 가진 자답게 율법의 가치를 높이 평가한다. 율법에 대한 마태의 입장은 산상수훈 속에서 분명히 드러난다.

"내가 율법이나 선지자를 폐하러 온 줄로 생각하지

말라 폐하러 온 것이 아니오 완전하게 하려 함이라 / 진실로 너희에게 이르노니 천지가 없어지기 전에는 율법의 일점일획도 결코 없어지지 아니하고 다 이루리라/ 그러므로 누구든지 이 계명 중의 지극히 작은 것 하나라도 버리고 또 그같이 사람을 가르치는 자는 천국에서 지극히 작다 일컬음을 받을 것이요..."(마 5:17-19)

그런데 율법에 따르면 중요 사건의 증인은 한 명으로서는 부족하다. 신명기 18장 15절을 보자.

"사람의 모든 악에 관하여 또는 모든 죄에 관하여는 한 증인으로만 정할 것이 아니요 두 증인의 입으로나 또는 세 증인의 입으로 그 사건을 확정할 것이며"

물론 이 율법은 처벌을 염두에 둔 사건에 대한 증인을 의미하나 예수님의 기적과 같이 듣는 이들의 신뢰를 필요로 하는 이야기에서는 충분히 고려할 수 있는 법조항이다. 즉, 예수님의 기적을 경험한 사람이 하나가 아닌 둘이라면 증인으로서의 요건을 충족시키기 때문이다. 따라서 이들이 경험한 기적은 당연히 신뢰할 만한 것들이 된다. 문제는 마태의 이러한 성향이 기록의 정확성을 훼손하는 것이 아니냐 하는 염려이다. 그러나 마태가 이 이야기들을 직접 목격하지 않고 전해 들었을 경우 그의 각색 책임은 그리 크지 않다. 전해들은 이야기를 다시 전달할 경우 전달 상황이 어떤 것이냐에 따라 이야기 내적 요소들이 일반적으로 첨가되거나 삭제되곤 하기 때문이다(목사님의 주일 설교를 다른 사람에게 옮겨 전해본 사람은 이를 정확히 깨달을 것이다). 이야기의 전달자는 듣는 사람들이 충분히 알아들을 수 있도록 그들의 눈높이에 맞출 책임이 있다. 유대적 배경을 가진 사람들이 청자(聽者)의 대다수를 이루는 곳에서 그들의 율법적 인식을 배려하는 것은 당연하다. 그렇지 않고서는 경우에 따라서 청자들이 이야기의 내용을 제대로 이해할 수 없기 때문이다. 이러한 차원에서 마태는 역사 기록자라기보다는 훌륭한 설교자이다. 자신의 청중들의 눈높이에 충실했던 능력 있는 말씀의 설교자였다.

포경수술과 정결법

한국 남자면 대다수가 받은 수술 중 대표적인 것이 포경수술이다. 성기의 앞부분 표피(表皮)를 잘라내어 귀두라 불리는 부분이 표피 없이 드러나도록 만드는 수술이다. 귀두가 표피에 덮여 있지 않으니 청결에 좋다하여 많은 이들이 이 수술을 시행한다. 그런데 이 수술이 유대적 관습인 것을 아는 사람은 그리 많지 않은 것 같다. 좀 더 정확히 말하자면 이 할례의식은 유대에서 생겨난 관습이 아니다. 기원전 5세기 그리스 역사가 헤로도토스에 따르면 그것은 고대 이집트에서 시작된 관습이다. 무슨 이유로 이 의식을 시행했는지는 분명치 않다. 단지 종교적 배경이 있다는 것만 알려져 있다. 이집트에서 종노릇하던 히브리 사람들은 이 할례의식을 수용하여 종교적 차원까지 체화한 것 같다. 구약에 따르면 이 할례의식은 이미 아브라함에게서 시작되었다. 그러나 이를 보도하는 창세기 17장을 보면 할례의 명령은 하나님과 아브람 사이의 언약에 이어 첨가, 편집된 것이다. 본래 언약은 8절로 끝난다. 9절의 "하나님이 또 아브라함에게 이르시되"에서 드러나듯 본래 언약에 덧붙여진 요소이다(참고로 성경의 포피(包皮)란 귀두 위의 표피를 일컫는 말이다).

"아브람이 구십구 세 때에 여호와께서 아브람에게 나타나서 그에게 이르시되 나는 전능한 하나님이라 너는 내 앞에서 행하여 완전하라/ **내가 내 언약을 나와 너 사이에 두어** 너를 크게 번성하게 하리라 하시니...보라 내 언약이 너와 함께 있으니 너는 여러 민족의 아버지가 될지라...내가 너로 심히 번성하게 하리니 내가 네게서 민족들이 나게 하며 왕들이 네게로부터 나오리라...내가 너와 네 후손에게 네가 거류하는 이 땅 곧 가나안 온 땅을 주어 영원한 기업이 되게 하고 나는 그들의 하나님이 되리라"(창 17:1-8)

"하나님이 또 아브라함에게 이르시되 ... / 너희 중 남자는 다 할례를 받으라 이것이 나와 너희와 너희 후손 사이에 지킬 내 언약이니라/ 너희는 포피를 베어라 이것이 나와 너희 사이의 언약의 표징이니라/ 너희의 대대로 모든 남자는 집에서 난 자나 또는 너희 자손이 아니라 이방 사람에게서 돈으로 산 자를 막론하고 난 지 팔 일 만에 할례를 받을 것이라/ 너희 집에서 난 자든지 너희 돈으로 산 자든지 할례를 받아야 하리니 이에 내 언약이 너희 살에 있어 영원한 언약이 되려니와/ 할례를 받지 아니한 남자 곧 그 포피를 베지 아니한 자는 백성 중에서 끊어지리니 그가 내 언약을 배반 하였음이니라"(9-14)

할례에 관한 9절에서 14절까지의 내용을 제외하면 15절 이하의 내용은 앞선 8절에 잘 연결된다.

"하나님이 또 아브라함에게 이르시되 네 아내 사래는 이름을 사래라 하지 말고 사라라 하라/ 내가 그에게 복을 주어 그를 여러 민족의 어머니가 되게 하리니 민족의 여러 왕이 그에게서 나리라"(15 이하)

특히 17장 처음에서 아브람의 이름이 아브라함으로

바뀌고 그에 대한 언약 속의 축복이 번성과 왕권을 포함하는 것을 고려하면 사래의 이름이 사라로 바뀌며 동일한 축복이 언급되는 15절 이하의 내용은 첫 부분 내용과 이어지는 한 쌍의 본문이라 하겠다. 23절에서 27절의 할례에 대한 내용은 역시 9절에서 14절의 내용과 같은 시기의 편집이라 볼 수 있다.

할례를 후대의 첨가로 보도록 만드는 본문은 출애굽기에서도 찾아볼 수 있다. 하나님께서 모세를 미디안 광야에서 부르시고 이집트로 파송하시고 나서 출애굽기 4장 24절에서 갑자기 돌변하여 모세를 죽이시려고 하신다. 이유는 할례를 받지 않았다는 것이다. 파송하신 분이 갑자기 죽이려 하시는 모습은 정말 이해하기 어렵다. 24절에서 26절까지를 간과하면 이야기는 전혀 무리 없이 이어진다.

"여호와께서 미디안에서 모세에게 이르시되 애굽으로 돌아가라 네 목숨을 노리던 자가 다 죽었느니라 /... / 여호와께서 모세에게 이르시되 네가 애굽으로 돌아가거든 내가 네 손에 준 이적을 바로 앞에서

다 행하라.../ 너는 바로에게 이르기를 여호와의 말씀에 이스라엘은 내 아들 내 장자라/ 내가 네게 이르기를 내 아들을 보내 주어 나를 섬기게 하라 하여도 네가 보내 주기를 거절하니 내가 네 아들 네 장자를 죽이리라 하셨다 하라 하시니라"(출 4:19-23)

"모세가 길을 가다가 숙소에 있을 때에 여호와께서 그를 만나사 그를 죽이려 하신지라/ 십보라가 돌칼을 가져다가 그의 아들의 포피를 베어 그의 발에 갖다 대며 이르되 당신은 참으로 내게 피 남편이로다 하니/ 여호와께서 그를 놓아주시니라 그 때에 십보라가 피 남편이라 함은 할례 때문이었더라"(24-26)

"여호와께서 아론에게 이르시되 광야에 가서 모세를 맞으라 하시매 그가 가서 하나님의 산에서 모세를 만나 그에게 입 맞추니"(27)

갑자기 변하시는 하나님의 모습은 24절 이하의 첨가로 발생된 것이다. 27절을 23절에 이으면 하나님의 일관된 모습이 드러난다. 모세에게 애굽으로 갈 것을 명하신 분이 당신의 명령을 따르는 모세를 위해 아론에게 그를 맞이하도록 미리 준비시키시는 것이다. 만일 하나님이 모세를 죽이시고자 하셨으면 그에게 애굽에서의 역할을 맡기지도 않으셨을 것이며, 맡기시고자 하셨다면 죽이시려 하지 않고 사전에 미리 이 문제를 해결하셨으리라. 예를 들어, 부르실 때 모세의 아들이 할례를 아직 받지 않았음을 지적하셔서 비록 늦었지만 -보통 난지 팔 일 만에 받곤 한다 (창 17:12)- 시술토록 하셨을 것이다.

아마도 히브리 역사에서 할례의식이 종교적 의미를 갖게 되었을 시기에 위의 본문들은 새롭게 편집되었을 것이다. 어쨌든 이 할례의식은 히브리 성인 남자면 누구든지 받아야 하는 율법조항이며 이스라엘인임을 드러내는 정체성 표식이다. 이와 같이 중요한 유대인의 정체성 표식으로는 그 밖에 정결 음식법이 있다. 이것은 무슨 음식은 먹어도 되고 무슨 음식은 손도 대지 말아야 하는지를 규정한 법으로 유대 풍습과는 다른 음식을 섭취하는 이방인들과의 식탁교제를 금하는 법이기도 하다. 이방인들과의 식탁교제는 아마도 음식물 중 육류로 인한 것인데 고대에 동물 도살은 신에 대한 경배를 동반했기 때문일 것이다. 즉, 이방신에게 경배한 고기를 유대인들이 섭취할 수는 없었기 때문이다. 이로 인해 이방인들과의 식탁교제는 자연스레 금하게 되었고 이것이 결국 정결 음식법 내용의 일부로 발전하였을 것이다.

그런데 이방인 선교로 유명한 사도 바울은 자신의 편지 갈라디아서에서 이 할례와 정결음식법의 불필요함을 역설한다. 근거는 갈라디아서 2장 16절에 요약되어있다.

"사람이 의롭게 되는 것은 율법의 행위로 말미암음이 아니요 오직 예수 그리스도를 믿음으로 말미암는 줄 알므로 우리도 그리스도 예수를 믿나니 이는 우리가 율법의 행위로써가 아니고 그리스도를 믿음으로써 의롭다 함을 얻으려 함이라 율법의 행위로써는 의롭다 함을 얻을 육체가 없느니라"

사도 바울은 할례와 정결 음식법으로 대표되는 율

법 준수를 은혜에 대한 믿음으로 대신한다고 보았다. 이러한 바울의 입장은 당시 유대인들에게 배교(신앙을 등지는 것)와 같이 여겨졌다. 할례와 정결 음식법은 그들에게 있어서 최소한의 정체성 표식이었기 때문이다. 이를 지키지 않는 것은 유대인이 되길 거부한 것과 마찬가지였다. 그러나 바울은 이를 단호히 거부한다.

"그들의 마침은 멸망이요 그들의 신은 배요 그 영광은 그들의 부끄러움에 있고 땅의 일을 생각하는 자라"(빌 3:19)

빌립보서의 이 본문을 제대로 이해하기 위해선 설명이 필요하다. 본문에서 배라 표현된 것은 소화기관을 가리키며 그 의미하는 바는 정결 음식법이다. 또한 부끄러움이라 표현된 것은 부끄러운 곳, 즉 할례 받은 성기를 뜻한다. 풀어서 쓰자면, "저들이 섬기는 신은 하나님이 아니라 정결 음식법을 주장하는 그들의 배(소화기관)이며, 저들의 영광은 저들의 할례 받은 부끄러운 성기에 있다."

바울의 이러한 극단적 입장은 일차적으로는 그의 신학적 인식에 있다. 하나님의 의는 인간의 행위에 달린 것이 아니라 위로부터 내려지는 은혜임을 그가 경험하고 확신한 까닭이다. 그가 아직 기독교인들의 박해자였을 때 하나님은 그를 찾아와 은혜를 베푸셨기 때문이다. 그러나 그의 극단적 입장을 가능케 한 이차적인 이유는 이방 지역에서 자라며 직접 겪은 이방 문화에 대한 경험과 인식 덕이었다.

당시 그리스 로마 문화에서 할례는 매우 부정적인 인상이 강했다. 자연스러움을 강조하는 그들에게 인위적으로 성기의 표피를 베어내는 일은 부자연스럽기 짝이 없었다. 특히 성관계시에만 드러나는 귀두가 할례로 인해 보통 때에도 그 모습을 드러내기에 곧 음란함의 상징처럼 여겨졌다. 로마시대에 유대인들을 노예로 두었던 여주인들의 시각에선 그들이 색이나 밝히는 존재처럼 여겨졌을 것이다. 실제로 당시의 문헌을 보면 사람을 평가함에 있어 할례 여부는 그 사람의 가치를 더욱 낮은 존재로 판단케 하는 기준 중에 하나였다.
"...그는 어떤 노인을 데리고 집에 왔는데 그 노인은 때가 꼬질꼬질하며, 눈물이 범벅이 된 눈에, 휜 다리, 넝마를 입었으며 주름살투성이에 이가 없었다. 또한 대머리였으며, 우라노스 신에게 맹세하건대, 심지어 할례까지 받은 사람임에 틀림없었다"(아리스토판네스의 시 중에서, 자세한 출처는 졸고 "바울에 의한 할례 및 정결음식법 거부의 선교 전략적 기여," 선교신학 2005(11), 23쪽 각주 27을 참조하라)

이러한 부정적 평가로 인해 할례를 되돌리는 수술이 당시에 이미 시행되곤 하였다. 물론 이 시술들은 출생부터 포피가 짧아 귀두부분이 제대로 덮이지 않은 이들을 위한 것이기도 했다. 두 가지 방법이 있었는데 하나는 가죽 줄 등으로 포피 옆을 묶어 앞으로 지속적으로 당겨 그 부위가 늘어나도록 하는 방법이었고(Infibulation) 다른 하나는 성기의 중간부분 표피를 1밀리 정도 깊이로 상처를 내고 잡아당겨 일정기간 후엔 전체 표피 길이가 늘어나도록 하는 것이었다(Epispasmos). 이 중 전자가 유대 비즈니스맨들에게 선호되었는데 이는 그들이 이를 이용하여 로마 사람들과 사귈 때 그들의 목욕 문화에 참여하며 귀두를 덮어 차이점을 다소 감출 수 있었고 유대인들 모임에 참석해서는 덮인 부위를 걷어내어 할례자로서 행세할 수 있었기 때문이었다.

할례에 대한 이 같은 부정적인 시각을 바울은 다소라는 이방 지역에서 자라나며 충분히 겪었을 것이다. 그러기에 선교라는 중차대한 과제 앞에 이의 폐기는 그에게 있어 당연한 것이었다. 예수를 믿으며 당시 부정적으로 여겨지던 관습을 기꺼이 시술할 사람이 얼마나 되었겠는가?
정결 음식법의 경우도 마찬가지다. 사람들이 서로 사귀기 위해선 함께 음식을 나누는 일이 매우 중요하다. 인간사의 많은 행사들은 음식을 앞에 두고 진행된다. 장례식이 그러하고 결혼식이 그러하며 생일잔치가 그러하고 환영회, 환송회가 그러하다. 음식이 사람 뱃속에 들어가는 순간 타인에 대한 경계가 늦춰지기에 어느 정도 사귐이 가능하기 때문이리라. 어쨌거나 이방인들과 함께 음식을 나누지 않는데 무슨 선교가 진행될 수 있을까? 이 점이 바울의 고민이었을 것이다. 또한 당시에 정결 음식법으로 인해 유대인에 대한 오해도 많았다. 그들은 사람이 먹지 말아야 할 것을 먹는다는 의심을 종종 받곤 했고 회식을 거부해서 배타적 사회성의 민족으로 낙인찍히기도 했다.

"유대인들은 로마인들뿐만 아니라 온 인류와도 이미 오래 전부터 구별되었다. 왜냐하면 그들은 (외부세계와) 단절된 삶을 생각해 내었을 뿐 아니라 식탁공동체나 다양한 제사 공동체 등을 허락하지 않음으로 해서 수사족이나 박트라족, 인도 민족보다도 우리에게서 더 멀리 떨어져 있기 때문이다"(필로스트라오스, 티라나의 아폴로니우스, 5:35)

이러한 이유에서 바울은 이를 과감히 폐기한다. 그에게 있어 중요한 것은 선교였다. 나머지 다른 부수적인 것들은 하나님의 은혜를 전하는데 걸림돌일 뿐이었다. 따라서 그는 당시 유대인들에게 있어 모든 것이라 말할 만한 것들을 과감히 폐기 시켰다. 말 그대로 마누라와 자식만 빼고는 -하나님과 그의 아들 예수님 만 빼고는- 모든 것을 다 바꾼 것이다. 그의 이러한 전향적 사고가 없었다면 기독교는 여전히 유대교의 일개 갱신운동으로 머물며 팔레스타인의 경계를 벗어나지 못하였으리라!

어머니 하나님?

얼마 전 주기도문을 새롭게 번역하는데 아버지 하나님에 대한 논란이 있었다. 하나님을 아버지로 표현하면 가부장적 이미지가 강화된다는 지적이다. 그런데 아쉬운 것은 이를 지적하는 단체에서 대안을 제시하지 못했다는 점이다. 아마도 어머니 하나님이 대안이 될 수 없음을 인지했기 때문이리라. 지금껏 아버지 하나님에 대한 이미지가 굳어 있었는데 새삼 어머니의 이미지로 바꾸는 것이 결코 쉽지 않으며 어머니 하나님의 이미지도 하나님의 온전한 이미지를 부분적으로 밖에 표현할 수 없기 때문이다. 이 글은 어떤 확실한 대안을 제시하고자 하는 것이 아니라 아버지 하나님의 이미지에는 아버지적인 면뿐 아니라 어머니적인 면도 내재되어 있음을 지적코자 할 뿐이다.

마태복음과 누가복음 공히 전하고 있는 "구하라 그

리하면 주실 것이요"라는 예수님 말씀은 재미있는 비유적 말씀으로 마무리 된다.

"너희 중에 누가 아들이 떡을 달라 하는데 돌을 주며/ 생선을 달라 하는데 뱀을 줄 사람이 있겠느냐/ 너희가 악한 자라도 좋은 것으로 자식에게 줄줄 알거든 하물며 하늘에 계신 너희 아버지께서 구하는 자에게 좋은 것으로 주시지 않겠느냐"(마 7:9-11)

본문에서 언급된 하나님의 명칭은 분명 아버지이다. 그런데 그 아버지는 일반적인 아버지의 모습과 사뭇 다르다. 돈을 벌어다 주시는 아버지가 아니라 음식을 챙겨주시는 아버지다. 분명 어머니적 이미지다. 전통적 아버지 이미지와는 다르다. 동일한 모습을 우리는 주기도문에서도 발견한다.

"오늘 우리에게 일용할 양식을 주시옵고"(마 6:11)

주기도문 시작의 하나님 호칭은 분명 아버지였다. 그런데 그 분이 여기서 책임지시는 분야는 일용할 양식이다. 오늘의 밥상이라는 뜻이다. 한 끼 한 끼

빠뜨리지 않고 챙겨주시는 아버지! 바로 어머니적 모습이 아닐 수 없다.

구약에서도 이런 모습은 관찰된다. 아합의 선지자들을 칼로 죽이고 도피한 엘리야에게 숯불에 구운 떡과 물 한 병을 준비해 주신 분도 야훼 하나님이시다. 비록 천사를 통해 준비시키셨으나 그 자상한 배려는 아버지적이라기 보다는 어머니적이다. 그 분의 천사의 행위도 역시 어머니적이다.

"여호와의 천사가 또 다시 와서 어루만지며 이르되 일어나 먹으라 네가 갈 길을 다 가지 못할까 하노라 하는지라"(왕상 19:7)

"어루만지는" 행위는 아버지적이지 않다. 세심하게 배려하는 어머니적 이미지다. 동일한 이미지가 역시 엘리야의 이야기에서 반복된다. 사르밧 과부의 집에 엘리야가 묵게 되었을 때 먹을 것이 떨어지지 않도록 채워주신 분은 이스라엘의 하나님 여호와다.

"...나 여호와가 비를 지면에 내리는 날까지 그 통의 가루가 떨어지지 아니하고 그 병의 기름이 없어지지 아니하리라...여호와께서 엘리야를 통하여 하신 말씀 같이 통의 가루가 떨어지지 아니하고 병의 기름이 없어지지 아니하니라"(왕상 17:14-16)

어머니들이 자식을 위해 준비해 주시는 행위를 여기서도 이스라엘의 하나님이 하고 계신다. 영락없는 어머니적 이미지다.

누가복음 13장 34절 이하를 보면 예수께서는 예루살렘에 대하여 예언적인 말씀을 하신다. 예수님의 발언을 하나님의 말씀을 대신한 것으로 볼 경우 어머니적 모습의 하나님의 이미지를 역시 발견할 수 있다.

"예루살렘아 예루살렘아 선지자들을 죽이고 네게 파송된 자들을 돌로 치는 자여 암탉이 제 새끼를 날개 아래에 모음 같이 내가 너희의 자녀를 모으려 한 일이 몇 번이냐 그러나 너희가 원하지 아니하였도다"

특별히 "몇 번이나 모으려 했다"는 표현과 선지자들을 죽였다는 언급에서 예수께서 하나님의 말씀을 대언하고 있다고 충분히 볼만 하다. 그런데 하나님의 노력은 여기서 암탉이 새끼들을 날개 아래 모으려는 시도로 설명되므로 여성적 이미지의 하나님의 모습을 우리는 여기서도 관찰할 수 있다.

예전에는 어떠했는지는 모르지만 요즘은 아버지의 이미지가 가부장적인 모습에 고착되지는 않는다. 아기들의 기저귀를 갈아주거나 젖병을 물리는 등, 자녀들을 자상히 배려하는 여성적 아버지의 모습도 이제는 일상생활에서 쉽게 접할 수 있다. 따라서 하나님을 아버지로 표현하는 것에 대한 무조건적인 거부는 적절하지 않은 듯하다. 제일 좋은 대안은 어버이 하나님인데 삼위일체를 고려할 때 문제가 생긴다. 아버지 하나님의 이미지 속에 어머니적 모습을 함께 읽는 것이 굳이 대안이라면 대안이 아닐까? 역시 남자여서 이렇게 생각하는 걸까?

성 차별?

"여자는 교회에서 잠잠하라 그들에게는 말하는 것을 허락함이 없나니 율법에 이른 것 같이 오직 복종할 것이요"(고전 14:34)

여성 총리도 이미 탄생했고 대통령 후보 가운데 여성이 등장하는 요즘 시대에 위 말씀은 대하기 쉬운 구절이 결코 아니다. 적지 않은 여성 목사님들이 본받을 만한 훌륭한 목회를 하고 있는 우리 시대에 이 같은 말씀은 어찌 해석해야 할까? 우연치 않게도 고린도전서에는 이와 같은 종류의 성구별적(차별적?) 말씀이 또 하나 발견된다.

"너희는 스스로 판단하라 여자가 머리를 가리지 않고 하나님께 기도하는 것이 마땅하냐"(고전 11:13)

특별히 후자의 말씀은 아직까지 영향을 끼쳐 개신

교의 모체였던 카톨릭 교회에서는 여전히 여신도들이 머리에 면사포를 쓰고 미사에 참여한다. 바울 사도의 권면을 축자적으로 지키고 있는 모습이다. 어떻게 이해해야 하나? 우리 개신교 여신도들은 그렇다면 말씀을 제대로 준수하고 있지 않는 것인가? 여성 목사님들의 안수는 그러면 무효인가? 이에 대한 자세하고 구체적인 설명이 필요하다.

먼저 잠잠 하라는 권면을 살펴보자. 여러 가지 학설중 흥미롭고 설득력이 있는 것은 이 권면이 원래 본문에 속하지 않았다는 입장이다. 14장은 바울 사도가 방언과 예언의 은사에 대해 권면하는 내용이다. 이 권면들 가운데 전혀 직접적 연관성이 없는 34절 이하의 내용이 갑작스레 등장한다. 구체적으로 보면, 26절 이하에서 권하는 말씀은 방언과 예언을 할 때 여럿이 동시에 하여 분위기를 혼돈스럽게 만들지 말고 차례를 따라 하며 다른 이가 시작하면 앞서 하던 사람은 잠잠 하라는 내용이다. 이런 맥락에서 갑작스레 여자는 잠잠 하라는 강한 권고가 불쑥 등장하는 것이다. 앞선 "잠잠 하라"는 단어로 연결된 경우다. 실제로 34절 이하 구절들을(또는 33절 하반절 이하부터) 제거하면 14장 본문 전체는 훨씬 매끄러워진다.

"예언하는 자들의 영은 예언하는 자들에게 제재를 받나니/ 하나님은 무질서의 하나님이 아니시요 오직 화평의 하나님이시니라 (...)"(14:32 이하)

"만일 누구든지 자기를 선지자나 혹은 신령한 자로 생각하거든 내가 너희에게 편지하는 이 글이 주의 명령인 줄 알라/ 만일 누구든지 알지 못하면 그는 알지 못한 자니라/ 그런즉 내 형제들아 예언하기를 사모하며 방언 말하기를 금하지 말라/ 모든 것을 품위 있게 하고 질서 있게 하라"(14:37-40)

학자에 따라 33절 하반절 부터가 아니라 34절과 35절 양 절만을 제외시키고 36절을 앞에 연결시키기도 한다. 이 경우도 약간의 문제만 해결하면(예를 들어 33절 하반절의 36절과의 연결문제) 매끄러운 인상을 준다. 36절의 "하나님의 말씀이 너희로부터 난 것이냐 또는 너희에게만 임한 것이냐"는 그럴 경우 차례를 지키지 않고 혼돈스럽게 자신의 방언이나 예언만을 말하고자 하는 자들에게 향한 권고가 된다.

"잠잠 하라"는 권면이 삽입이라는 입장은 여러 가지 다른 본문 관찰로도 지원 받는다. 먼저 사본학적으로 34절 이하가 40절 이후에 연결된 사본들이 존재한다(물론 이 사본들은 권위 있는 사본은 못된다). 이 말은 34절 이하의 내용이 지금의 위치에 본래부터 놓이지 않았기에 장소를 옮겨가며 전승되었다는 말이다. 다음으로 33절 하반절과 34절의 연결이 매우 거칠다는 점이다. 우리말로 "모든 성도가 교회에서 함과 같이"라는 문장은 원문에 따르면 "성도의 모든 교회에서처럼"인데 이 "모든 교회에서"와 34절의 (여자는) "교회(들)에서"가 부자연스럽게 반복된다는 점이다. 물론 전자는 교회를, 후자는 교회모임을 뜻하는데 이 경우 지금 원문의 "교회들"이라는 복수보다는 단수가 적절하다. 역시 부자연스럽게 연결된 부분은 35절과 36절이다. 특히 "(말씀이) 너희에게만 임한 것이냐"는 여자들에게'도' 말씀이 임함을 간접적으로 전제하는 반면 "잠잠 하라"는 근본적으로 여자들에게는 그러한 은사가 내려지지 않는 듯한 인상을 주기 때문이다. 이것은 11장

5절의 말씀과 역시 충돌한다.

"무릇 여자로서 머리에 쓴 것을 벗고 기도나 예언을 하는 자는 그 머리를 욕되게 하는 것이요"

기도와 예언의 은사는 여자들에게도 내려짐을 전제하는데 "잠잠 하라"는 권면은 이러한 일체의 행위를 금하고 있기 때문이다. 이런 까닭에 여성 차별적 권면은 바울의 것이라 보기 힘들다. 물론 이 주장의 약점은 있다. 바티칸 사본이나 시내산 사본과 같이 사본학적으로 권위 있는 사본은 이를 지지할 근거를 제공해주지 않기 때문이다. 그러나 이 권위 있는 사본들은 4세기의 것이니 그 이전에 34절 이하의 권면이 삽입되었을 경우 흔적을 찾기는 어렵다. 어쨌든 바울 사도의 권면이라는 점은 의심의 여지가 있다. 이를 뒷받침해주는 관찰은 "율법에 이른 것 같이"라는 34절의 표현을 사도 바울이 다른 서신에서 한 번도 사용하고 있지 않다는 점이다. 더욱이 이 권면은 구약의 율법에서 찾을 수 없는 조항인데 이 같은 경우는 바울에게서 전혀 찾아볼 수 없다.
그렇다면 "여자는 잠잠 하라"는 말씀은 바울이 직

접 쓴 권면이 아니라 후대의 권면이다. 이 권면의 비(非) 바울적 출처에도 불구하고 성경에 포함된 것이기에 우리는 이에 대한 설득력 있는 설명을 회피할 수 없다. 어떤 차원에서 잠잠 하라는 권면을 이해하여야 하나? 이를 위해선 당시 사회의 모습을 살펴보지 않을 수 없다.

그리스 로마 시대에 여성의 역할은 육아와 살림에 국한되어있었다. 가정에서 영향력은 있었어도 사회생활을 할 조건은 허락되지 않았다. 교회는 당시에 이미 존재하던 종교단체의 형태를 갖고 있었다. 사회 속의 단체이다. 사회생활을 하던 남성들에게 이 단체 속에서의 활동은 물론 다소 특이점이 있다 하더라도 자신들의 사회생활경험으로 인해 그리 낯선 것이 못된다. 그러나 가정에서만 생활하던, 육아와 살림에만 힘쓰던 여성에게는 적응하기 쉽지 않았다. 예를 들어 교회 내의 문제를 해결함에 있어 일처리 방식이 사회적 경험이 많은 남성들에 비해 미숙한 점이 있을 수밖에 없기 때문이다. 사회생활 경험이 거의 없는 까닭이다. 따라서 이런 여성들이 일을 처리할 경우 부족한 부분이 많을 수밖에 없다. 마치 살림만을 전적으로 하던 주부가 갑자기 회사에서 팀장으로 활동할 경우 어려움을 겪는 것과 같다. 따라서 여성들에게 교회에서 잠잠 하라 권면한 것은 이런 맥락에서 이해되어야 할 것이다. 요즘 식으로 말하자면 "교회에 처음 나온 자들은 익숙해지기까지 잠잠 하라" 정도가 적절한 번역이 될 것이다.

다음으로 면사포 문제를 보자. 이 권면의 진정성은 의심받지 않는다. 순수한 바울의 권면이라는 말이다. 이 권면은 오늘날에도 생소하지 않다. 여전히 이슬람 문화권에서는 여성들이 머리를 내보이지 않기 때문이다. 머리는 여성만의 매력으로 그것은 일반 사람들에게 보여서는 안 되며 오로지 집안에서 남편에게만 보여야 된다는 사고방식이 그 배경이다. 여성의 긴 머리가 나름대로 성적 자극으로 이해되었기 때문이리라. 바울의 권유도 이와 같은 맥락이다. 그러나 바울의 경우 단순히 성적 자극 때문에 여성이 머리를 드러내지 못하도록 한 것은 아니다. 그에게 있어 면사포를 벗어 던지는 것은 그 이상의 의미가 있었다. 그의 염려는 고린도전서 11장 2절부터 16절까지의 논리적인 설명에서 드러난다. 몇 구절을 참고하자.

"무릇 남자로서 머리에 무엇을 쓰고 기도나 예언을 하는 자는 그 머리를 욕되게 하는 것이요/ 무릇 여자로서 머리에 쓴 것을 벗고 기도나 예언을 하는 자는 그 머리를 욕되게 하는 것이니 이는 머리를 민 것과 다름이 없음이라"(11:4 이하)

"남자는 하나님의 형상과 영광이니 그 머리를 마땅히 가리지 않거니와 여자는 남자의 영광이니라"(11:7)

위 구절에서 눈에 띄는 것은 남성에 대한 언급이다. 여성의 머리에 면사포를 쓰는 것을 설명하는데 바울 사도는 매번 남성을 함께 언급한다. 면사포만의 문제라면 굳이 남성을 끌어들일 필요는 없다. 사도의 논리구조에서 남성과 여성은 상호 대조적으로 계속 등장한다. 여성의 면사포 문제는 남성과 연관된 문제라는 뜻이다. 이로써 논리 전개 방향은 서서히 윤곽을 드러낸다. 여성의 면사포 문제는 남성과의 구별성 문제이다. 즉, 여성이 "긴 머리"를 드러내는 것은 남성과의 구별을 없애려는 시도이다. 그러기에 사도는 여성이 면사포를 벗으려면 남성처럼 머리를 깎거나 밀라고 권한다. 역으로 남성이 머리를 자라게 하여 길게 하는 것은 그 남성의 부끄러움이라 사도는 표현한다(14절). 바울이 염려하는 것은 단순한 면사포의 착용문제가 아니다. 면사포를 벗어던져 긴 머리를 드러내는 행위는 남녀의 구별성을 없애는 행위라 바울은 여긴 것이다. 남녀 구별이 없어질 경우 문제는 그것에 그치지 않고 동성애와 같은 단계로 쉽게 발전할 것을 사도는 아마도 염려했으리라. 그러기에 그는 면사포 문제에 커다란 중요성을 두는 것이다.

오늘날과 같이 유니섹스(Unisex) 패션이 별 문제시 되지 않는 시점에서 바울 사도의 권면이 이해하기 힘든 것은 당연하다. 그의 권면은 그러나 살폈듯이 차별적 권유가 아닌 구별적 권유이다. 그의 권면을 오늘날 대부분의 개신교에서는 따르지 않는다. 어쩌면 그의 의도를 정확히 파악했기 때문인지도 모른다. 여성해방의 문제가 대두된 지 이미 오랜 시점인 오늘날에 새롭게 발견되는 것은 남녀의 구별성 문제다. 여성의 여성성과 남성의 남성성을 재발견하는 이 시점에 바울 사도의 남녀 구별에 대한 의도는 시대의 변화에도 불구하고 여전히 유효한 것이리라.

에피우시오스

우리에게 익숙한 주기도문의 네 번째 간구는 "오늘날 우리에게 일용할 양식을 주옵시고"이다. 여기서 "일용할"이라는 우리말로 번역된 그리스어 원문의 단어는 에피우시오스라는 단어다. 이 단어는 유감스럽게도 주기도문 외에 이집트의 어떤 대차 대조표에 딱 한 번 사용되었다. 따라서 그 단어의 정확한 의미는 솔직히 말해 아직까지도 알려있지 않다. 즉, 우리에게 어떤 양식을 달라고 간구하는지 정확히 말할 수 없다는 뜻이다. 요즘 말로 '대략난감'한 상황이 아닐 수 없다.

학자들은 이 상황을 탐탐히 여기지 않았다. 그 단어가 사용된 다른 문헌이 없다면 어원학적으로 접근하는 방법도 있기 때문이다. 여러 가지 가능성이 제안되었는데 이를 요약하면 다섯 가지 정도이다. 1) "내일의," 2) "미래의," 3) "존재에 필요한," 4) "오늘의," 5) "모든 본질을 뛰어넘는" 등이다. 이 중 어원학적으로 가장 문제가 없는 것은 네 번째 것이 아닌 첫 번째 것이다(네 번째의 의미가 우리에겐 익숙하지만 이 경우 에피우시오스가 될 수 없고 에푸시오스가 되어야 한다). 그런데 이 "내일의"라는 뜻을 주기도문에 도입하는 데는 문제가 있다. 지금까지의 의미가 오늘 하루의 필요를 위한 기도였는데 내일로 바뀐다면 뜻이 전혀 새롭고 간구 자체가 의미상 통일성 없는 것으로 느껴지게 되기 때문이다.

"오늘날 우리에게 **내일의** 양식을 주옵시고"

오늘 먹을 것도 모자란데 내일의 양식을 달라고? 이해가 가지 않는 내용이다. 하루하루의 다급함을 반영한 기도였는데 갑자기 하루의 여유를 갖고 드리는 기도처럼 바뀌었기 때문이다. 역시 학자들의 머리를 싸매게 하는 문제가 아닐 수 없다.

그런데 이 문제를 해결해 줄만한 설명이 드디어 등장했다. 그것에 따르면 팔레스타인에서 하루의 시작은 해 뜨는 순간부터가 아니라 해 지는 순간부터라는 특이한 인식의 발견이다. 예를 들어 유대인들의 안식일은 우리의 토요일부터가 아니라 금요일 어두워지기 시작한 때부터 시작하여 토요일 해 떨어질 때까지라는 말이다. 그렇다면 내일의 양식은 우리식으로 말하면 오늘 저녁의 양식이 된다. 오늘 저녁의 양식을 오늘 주옵소서! 훨씬 이해가 가는 간구다. 그런데 어딘가 부족하다. 왜 하필이면 저녁의 양식을 간구하나? 점심도 먹어야 하고 아침도 먹어야 하지 않는가?

주기도문은 원래 예수님이 자신처럼 떠돌이 생활을 하던 제자들에게 주신 기도다. 본서의 첫 부분에서 언급했듯 예수님과 제자들은 하나님 나라의 선포를 위해 한군데 머무르지 않고 돌아다니며 활동하셨다. 그런데 이 방랑 생활의 규칙은 머물던 집에서 떠날 때 아무것도 받지 않고 점심을 위하여 무엇을 지니지 않고 빈손으로 떠나 새로운 곳으로 가는 것이다.

"이르시되 여행을 위하여 아무 것도 가지지 말라 지팡이나 배낭이나 **양식이나** 돈이나 두 벌 옷을 가

지지 말며"(눅 9:3)

특별히 농, 어촌을 배경으로 하였으니 보통 하루 길을 걸으셨고, 점심을 굶는 것은 일반적이었다. 주기도문의 양식에 관한 기도는 이런 방랑선교사들이 이동 중에 드리던 기도다. 내용적으로는 해 떨어지기 전에 오늘의 양식 곧 저녁에 먹을 양식을 달라는 기도이다. 아침 먹고 점심은 굶고 이동하고 있으니 자기들을 받아 줄 집을 해지기 전에 발견해야 한다. 그렇지 않으면 굶은 채 노숙해야 한다. 긴박한 기도가 아닐 수 없다. 주여! 저녁에 먹을 것을 해지기 전에 주소서!

이 같은 내용이 간절히 담겨있는 말씀이 "구하라"라는 권고다.

"구하라 그리하면 너희에게 주실 것이요 찾으라 그리하면 찾아낼 것이요 문을 두드리라 그리하면 너희에게 열릴 것이니"(마 7:7)

예수님의 제자들은 말씀을 전할 곳을 구해야 한다.

말씀 전하는 것과 이들이 먹는 것은 함께 일어나기 때문이다. 전할 곳을 구하고, 찾고 어두워져 문이 잠기면 -팔레스타인에서도 문이 잠기는 때는 해 떨어진 이후다- 두드려야 한다. 그래야 말씀을 전하고, 기적을 베풀고 그곳에서 저녁을 해결하며 하루를 머문다. 이 같은 떠돌이 방랑 선교의 상황은 이 본문에서 무엇보다 돌과 뱀의 예에서 분명히 드러난다. 팔레스타인의 거친 땅들을 이동해 본 사람은 누구든지 이해할 것이다. 배고픈 방랑자들의 눈에는 흔히 볼 수 있는 돌이 떡으로 보이며 광야의 뱀들이 먹을 생선이었으면 하는 바람이 간절할 수밖에 없다는 것을!

해 떨어진 다음에 말씀 전할 곳을 찾는 것은 일의 성격상 대단히 힘들다. 낯선 자에게 늦은 밤에 함부로 문 열어줄 자가 거의 없기 때문이다. 그러니 날이 아직 밝을 때 열심히 구하지 않을 수 없다. 이러한 와중에 드릴 수 있는 기도가 바로 "오늘날 우리에게 ...주옵소서"라는 기도다. 해 지기 전에 저녁에 주린 배를 채울 양식을 허락하소서!

비록 단어적 의미는 다르지만 "일용할"이라는 표현은 그리스어 원문의 의미를 백퍼센트 살린 것이다. 오늘 하루(오늘 저녁) 삶에 필요한, 오늘 하루를(오늘 저녁을) 연명할 양식을 어두워지기 전 오늘 주옵소서! 번역자가 그리스어 '에피우시오스'를 "일용할"이라는 표현으로 번역할 때 하나님의 영이 분명 그와 함께 하셨을 것이다.

짝퉁 말씀?

노르웨이 사람 요슈타인 가더라는 교사가 중 고등 학생을 위해 덴마크어로 쓴 철학입문서 "소피의 세계"라는 책의 독일어 테이프 버전에는 위 제목과 같은 내용이 등장한다. 소피가 스스로 말하기를 "그래 복음서의 말씀 중 모든 것이 다 예수님의 말씀은 아니지!"라 한다. 요슈타인 가더의 원문을 확인해보지 않아 모르겠으나 중고등학생을 대상으로 하는 책에 평신도 어른들도 쉽게 소화하지 못하는 내용의 멘트가 들어있다는 점은 충분히 놀랄만한 일이다. 무슨 말인가? 만일 이 말이 사실이라면 예수님 말고 누가 예수님의 말씀을 흉내 내서 적었고 이것이 버젓이 성서에 등장한다는 말인가?

복음서에 대한 이해를 위해 먼저 누가복음 1장 1절에서 3절의 내용을 살펴보자.

"우리 중에 이루어진 사실에 대하여/ 처음부터 목격자와 말씀의 일꾼이 된 자들이 전하여 준 그대로 내력을 저술하려고 붓을 든 사람이 많은지라/ 그 모든 일을 근원부터 자세히 미루어 살핀 나도 데오빌로 각하에게 차례대로 써 보내는 것이 좋은 줄 알았노니"

저자 누가는 이 복음서 서두에서 자신이 어떤 입장에서 글을 쓰고 있는가를 밝힌다. 그는 목격자가 아니었다. 그는 앞서 붓을 든 사람들의 글을 접하고 나름대로 필요를 느껴 "모든 일들을 근원부터 자세히 살펴" 자신의 복음서를 "차례대로" 집필하고 있는 것이다. 세대로 따지자면 그는 3세대 인물이다. 예수 사건의 "목격자"이며 "말씀의 일꾼 된 자들"이 제 1 세대요, 그들이 "전하여 준 그대로 내력을 저술하려고 붓을 든 사람(들)"이 제 2 세대요 누가와 같은 이가 제 3 세대인 셈이다. 한 세대를 30년으로 잡으면 90년이니 누가기자가 적고 있는 시대는 예수 사건이 일어나 완성된 30년에서(예수님의 죽음의 해는 기원 30년이 유력하다) 최소한 60년을 더하지 않을 수 없다. 예수 사건의 목격자들이며 말씀의 일꾼 된 자들이 물론 예수님 보다 오래 살았다 하더라도 새로운 세대를 너머까지 장수했을 가능성은 적기 때문이다. 누가기자의 글을 대략 기원 100년 전후로 상정할 경우 예수님의 말씀이 직접 주어진 때와는 최소한 70년의 간격이 있다. 이 70년 동안 예수님의 말씀이 어떻게 전해졌는가가 복음서 이해의 관건이다.

누가기자의 말을 진지하게 받아들이면 예수님 말씀의 첫 번째 전달자들은 "목격자 된 자들"이다. 어렵지 않게 생각할 수 있는 이들은 바로 예수님의 제자들이다. 예수님을 따라 다니며 그 분의 말씀을 듣고 이를 나중에 전했던 자들이다. 문제는 이들이 예수님의 말씀을 외웠을까 아니면 옆에서 들었던 내용을 자기말로 옮겼을까 하는 것이다. 예수님 생전의 사건 가운데 이들이 말씀을 외웠을 가능성을 시사해주는 대목이 있다. 공관복음에 공히 등장하는 전도파송 기사다. 누가의 버전으로 읽으면 다음과 같다.

"예수께서 열두 제자를 불러 모으사 모든 귀신을

제어하며 병을 고치는 능력과 권위를 주시고/ 하나님 나라를 전파하며 앓는 자를 고치게 하려고 내보내시며..."(눅 9:1이하)

당신이 직접 하나님 나라를 전파하시다가 제자들을 당신을 대신하여 보내신 것이다. 열둘 이라는 숫자가 암시하듯 예수님은 처음부터 이스라엘 지파 전체를 생각하시고 이들을 당신의 대리자로 선택하신 것 같다. 관건은 이들이 2절에 언급된 하나님 나라를 어떻게 전파 했는가 이다. 예수님이야 친히 가르칠 것을 갖고 계셨으니 가능하여도 어부나 농부 등으로 생계를 전전했던 이들이 무엇을 가르칠 수 있었을까? 추측 가능한 것은 예수님이 사전에 이들에게 당신의 말씀을 외우도록 훈련시키셨을 것이라는 점이다. 당신을 대신해서 보내시는 것인데 전할 말 없이 파송하지는 않으셨을 것이기 때문이다. 여기서 예수님 말씀을 외우게 된 계기가 발견된다. 제자들은 예수님을 대신하기 위해 그 분의 가르치심을 외우곤 했다. 그렇다면 예수님 말씀의 순수성(진위성)은 보장된 것인가?

안타깝게도 그렇지는 않다. 누가의 기록을 다시 살피면 이 "말씀의 일꾼 된 자들"은 전하여만 주었지 직접 붓을 들어 글로 기록하지는 않았다. 만일 이들 중 기록한 자가 있었다면 누가기자가 이를 밝혔으리라! 이들은 일꾼으로서 전달만 했다. 직접 기록을 하지 않았으니 기록되는 과정에서 가감이 있었을 가능성은 충분하다. 물론 정확히 전달했고 정확히 기록했다면 문제는 없었을 것이다. 그러나 이들은 단순히 전달과 기록에만 온 정성을 다하던 사람들은 아니었다. 이들은 앵무새와 같은 전달자, 필사가와 같은 기록자만이 아니라 **"말씀의 일꾼"**이었다. 설교자였다는 말이다. 이것에 대한 보다 구체적인 모습은 마가복음 6장 30절에서 희미하지만 관찰할 수 있다.

"사도들이 예수께 모여 자기들이 행한 것과 가르친 것을 낱낱이 고하니"

선교 파송을 받았던 제자들이 돌아와 보고하는 장면이다. 주목할 부분은 자기들이 "가르친 것을" 고했다는 부분이다. 예수의 말씀을 "전"하기만 한 것이 아니라 "가르쳤"다는 것이다. 즉, 자신들이 예수님으로부터 배웠던 것을 나름대로 듣는 자들의 상황과 분위기, 눈높이 그리고 자신의 능력에 맞춰 설명했다는 것이다. 구체적으로 말하면 예수님의 말씀에 해석을 달고 이해할 수 있도록 풀어주었다는 것이다. 여기에 예수님의 말씀에 대한 가감이 있을 수밖에 없다. 예수님의 가르침은 나름대로 구체적 상황이 있었고 제자들이 파송되어 가르치던 상황 역시 다른 구체적 상황 속에서 진행되었을 것이기 때문이다.

그렇다면 말씀의 일꾼 된 자들의 행위는 오늘날 목회자들이 행하는 "목양"과 별 다를 바 없다. 매주일 강대상에서 선포되는 설교가 예수님의 말씀만은 아니다. 그러나 우리는 이를 예수님의 말씀, 하나님의 말씀의 대언으로 받아들인다. 말씀의 일꾼 된 자들이 행한 일도 이와 동일하였을 것이다. 듣는 자들이 처한 상황에 적절하도록 예수님의 말씀을 부분적으로 각색하여 전달하였을 것이다. 듣는 자들의 처한 상황이 따라서 중요한 요인이 된다.

그렇게 전한 자들의 말씀을 받아 기록한 자들도 역시 동일한 상황에 처했을 것이다. 보편적으로 학계에서는 복음서의 기록을 기원 70년 전후로 추정한다. 예루살렘 성전의 멸망을 기준년으로 보곤 하기 때문이다. 그렇다면 상황은 말씀의 일꾼 된 자들이 역사 속으로 사라진 시점이다. 예수님의 제자들이 아무리 젊었었다 하더라도 예수님 생전에 20대 중반으로 상정할 경우 70년에는 이미 60대 중반이 된다. 당시의 짧았던 기대수명을 생각하면 이들 중 다수는 더 이상 생존하지 않았을 것이다. 그렇다면 말씀의 일꾼들이 전하여 준 내용을 간직하고 전달했던 사람들 중 어떤 이들이 예수님 죽음이 40년 지난 후에야 비로소 붓을 들었다는 말이다. 말씀의 일꾼들이 역사 속으로 사라지기 때문에 더욱이 필요했던 작업이다. 그런데 이들의 작업 또한 단순한 전달에만 그 목표를 두지는 않았을 것이다. 저자들은 자신의 글을 읽을 독자들을 나름대로 염두에 두고 지금 처한 상황에 대한 하나님의 말씀을 대언할 필요를 느꼈을 것이기 때문이다. 다시 말해 말씀을 기록하며 역시 목회자적 차원에서 청중들의 신앙을 위한 설교적 각색을 시도했을 것이다. 따라서 예수님의 말씀 중 어떤 것들은 원래 말씀대로 보존된 것도 있지만 어떤 것들은 청중의 상황에 맞게 조금씩 채색되고 덧붙여졌을 것이다. 이는 의도적 채색이고 덧붙임이지만 그 기본 목표는 왜곡이 아니라 은혜를 나누고자 한 목양 행위이다. 마태, 마가, 누가의 말씀들 중 어떤 것들은 서로 조금씩 다른 이유가 여기 있기도 하다. 그들이 염두에 둔 청중들의 처한 상황이 각기 다르기 때문이다. 예를 들면 마태의 경우 70년 성전파괴를 안타까워하던 시리아의 유대 기독인들이 중심이었고 누가의 경우 로마의 상류층이 목표 청중이었다. 그러기에 마태복음에서는 "이스라엘 집의 잃어버린 양(=디아스포라에 사는 유대인들)에게로 가라"는 선교명령이 주어지고 (마 10:6), 누가복음에서는 예수님의 첫 설교에(눅 4:21-28) 유독 이방인들의 예화가 등장한다.

"내가 참으로 너희에게 이르노니 엘리야 시대에 하늘이 삼 년 육 개월 간 닫히어 온 땅에 큰 흉년이 들었을 때에 이스라엘에 많은 과부가 있었으되/ 엘리야가 그 중 한 사람에게도 보내심을 받지 않고 오직 시돈 땅에 있는 사렙다의 한 과부에게 뿐이었으며/ 또 선지자 엘리사 때에 이스라엘에 많은 나병환자가 있었으되 그 중의 한 사람도 깨끗함을 얻지 못하고 오직 수리아 사람 나아만 뿐이었느니라" (눅 4:25-27)

복음서의 저자는 단순한 기록자가 아니다. 그들은 오늘날 우리가 도처에서 접할 수 있는 목회자들이었다. 자신들이 담당하고 책임지는 양들을 위해 예수님의 말씀을 은혜롭게 전하고자 원했고, 그 말씀 선포를 통해 청중들의 신앙이 바뀌고 하나님 나라가 도래토록 하고자 열심을 내어 가르쳤던 분들이다. 따라서 이들의 기록은 다큐멘터리적 차원이 아닌 신앙 고백적 차원에서 읽혀지고 이해되어야 한다.

망가지는 제자들?

예수님의 제자에 대한 복음서 기자들의 진술은 사뭇 판이하다. 마태가 제자들의 모습을 가능한 긍정적으로 기술한 반면 마가는 요즘 말로 '망가지는' 제자들의 모습을 그리고 있다. 누가의 경우 제자들의 부정적인 모습이 담긴 본문들은 거의 생략되고 있다. 구체적인 예를 통해 이를 살피자면 다음과 같다. 먼저 마태복음 14장 22절에서 33절까지와 마가복음 6장 45절에서 52절까지의 말씀을 보면 한밤중에 바다 위를 걸어오시는 예수님의 사건이 기록되어있다(누가에게는 이 기록이 없다). 이 사건에 대한 반응이 그런데 각각 다르다. 마태복음에 따르면 배에 오르시는 예수님에 대해 제자들은 경배하며 그가 하나님의 아들임을 고백한다.

"배에 있는 사람들이 예수께 절하며 이르되 진실로 하나님의 아들이로소이다 하더라"(마 14:33)

이에 반해 마가의 제자들은 경배와 고백은 고사하고 놀라기만 하며 일의 의미를 깨닫지 못한다.

"배에 올라 그들에게 가시니 바람이 그치는지라 제자들이 마음에 심히 놀라니/ 이는 그들이 그 떡 떼시던 일을 깨닫지 못하고 도리어 그 마음이 둔하여졌음이러라"(막 6:51 이하)

깨닫지 못하는 제자들의 모습은 마가복음의 다른 곳에서도 등장한다. 마가복음 8장 14절에서 21절까지를 보면 제자들이 떡 가져오기를 잊어 근심할 때에 바리새인과 헤롯의 누룩을 주의하라는 예수님의 말씀을 자신들을 향한 질책으로 오해하여 깨닫지 못하는 모습이 드러난다(이 기록도 누가복음에서는 찾아볼 수 없다). 이 사건의 마무리는 예수님의 다음과 같은 말씀으로 장식된다.

"이르시되 아직도 깨닫지 못하느냐 하시니라"(막 8:21)

이에 반해 마태의 기록은 예수님의 질책을 통해 제

자들의 인식이 변화되었음을 드러낸다.

"그제야 제자들이 떡의 누룩이 아니요 바리새인과 사두개인들의 교훈을 삼가라고 말씀하신 줄을 **깨달으니라**"(마 16:12)

또다시 깨닫지 못하여 '망가지는' 모습은 역시 마가복음 9장 31절에서도 관찰된다. 예수께서 다가올 수난을 알리시니 제자들은 그 말씀의 의미를 깨닫지 못하고 두려워만 한다.

"그러나 제자들은 이 말씀을 깨닫지 못하고 묻기도 두려워하더라"

이에 반해 마태의 기록에서는 제자들이 비록 근심하지만 깨닫지 못하였다는 표현을 찾을 수 없다. 그들이 깨닫고 있음을 간접적으로 암시하고 있는 셈이다.

"갈릴리에 모일 때에 예수께서 제자들에게 이르시되 인자가 장차 사람들의 손에 넘겨져/ 죽임을 당

하고 제 삼일에 살아나리라 하시니 제자들이 매우 근심하더라"(마 17:22 이하)

이 마가와 마태의 기록은 특이하게도 누가에서 발견된다. 누가의 진술은 마가 쪽이라기보다는 마태 쪽에 가깝다. 누가는 제자들이 깨닫지 못하는 것이 신적 섭리에 의해 그러한 것으로 서술하기 때문이다.

"그들이 이 말씀을 알지 못하니 이는 그들로 깨닫지 못하게 숨긴 바 되었음이라 또 그들은 이 말씀 묻기도 두려워하더라"(눅 9:45)

복음서 기록에서 제자들의 모습을 변화시키는 이는 마가가 아니라 실은 마태와 누가이다. 마가의 기록을 마태와 누가가 참고했기 때문이다(이에 대해서는 이 책 마지막 꼭지를 참조하라). 누가는 역사적 인물로서 열둘의 상징적 의미를 중시하였기에 부정적 이미지를 전달할 본문들을 생략하였으며, 마태는 기독인들의 모습이 모두 제자들과 같이 되어야 한다고 생각하였기에 긍정적인 제자들의 모습을 그려

나갔다. 그러기에 제자의 대표격인 베드로를 교회의 반석으로 삼으신다는 말씀이나, 모든 그리스도인의 제자 됨을 강조하는 말씀도 각각 마태복음에서 발견된다.

"또 내가 네게 이르노니 너는 베드로라 내가 **이 반석 위에 내 교회를 세우리니** 음부의 권세가 이기지 못하리라"(마 16:18)

"그러므로 너희는 가서 모든 족속으로 **제자를 삼아** ..."(마 28:19)

마태가 마가의 기록을 긍정적으로 바꾼 본문 중 백미는 소위 치맛바람이라 명명할 수 있는 야고보와 요한의 이야기다. 마가복음 10장 35절에서 45절을 보면 세베대의 두 아들 야고보와 요한은 예수께 나아와 예루살렘에 도착하면 자신들을 주의 우편과 좌편에 앉게 해달라고 간청한다.

"**세베대의 아들 야고보와 요한이** 주께 나아와 여짜오되 선생님이여 무엇이든지 우리가 구하는 바를

우리에게 하여 주시기를 원하옵나이다"(막 10:35)

이로 인해 두 사람이 다른 제자들로부터 비난 받는 것은 당연한 결과다. 이 사건은 특히 예수께서 수난을 위해 예루살렘으로 올라가는 길에 일어났다는 점에서 두 제자들의 깨닫지 못하는 모습이 극명히 드러나는 본문이기도 하다. 그런데 이 우매함이 마태복음에서는 다른 사람의 책임으로 바뀐다. 이야기의 도입부인 마태복음 20장 20절 이하를 보자.

"그 때에 세베대의 아들의 어머니가 그 아들들을 데리고 예수께 와서 절하며 무엇을 구하니/ 예수께서 이르시되 무엇을 원하느냐 이르되 나의 이 두 아들을 주의 나라에서 하나는 주의 우편에, 하나는 주의 좌편에 앉게 명하소서"

간청의 당사자는 마태에게서 세베대의 부인 곧 야고보와 요한의 어머니로 바뀐다. 두 사람의 책임이 아니라 어머니의 지나친 자식사랑 때문이다. 우리 한국의 치맛바람과 다를 바 없다. 덕분에 아들 둘의 상황 판단미숙은 무마된다.

마가의 제자 이미지가 역사적인 사실인지 아니면 마태의 기록이 그러한지 안타깝게도 우리는 확인할 수 없다. 마가의 기록도 어떤 의도가 있었음을 전혀 배제할 수 없기 때문이다. 확인 가능한 것은 그러나 이들이 -가룟 유다를 제외하곤- 예수 부활을 경험한 후에 모두 긍정적이고 본받을 만한 삶을 살았다는 것이다. 그렇지 않고서야 예수 말씀과 행적이 우리에게 전달되지는 않았을 테니 말이다.

pax et securitas

"형제들아 때와 시기에 관하여는 너희에게 쓸 것이 없음은/ 주의 날이 밤에 도둑 같이 이를 줄을 너희 자신이 자세히 알기 때문이라/ 그들이 평안하다, 안전하다 할 그 때에 임신한 여자에게 해산의 고통이 이름과 같이 멸망이 갑자기 그들에게 이르리니 결코 피하지 못하리라"

위 본문은 바울이 데살로니가 교회에 보낸 첫 번째 편지 5장 1절에서 3절까지의 말씀이다. 주의 날이 언제 임하느냐에 관한 바울의 설명 중 특이한 것은 3절의 "그들이 평안하다, 안전하다 할 그 때"라는 표현이다. 이 표현의 배경에 대한 연구는 그간 뚜렷한 성과를 거두지 못하였다. 구약의 (묵시적) 예언서에 이러한 표현이 등장하지 않기 때문이었다. 그러던 중 당시의 로마 시대사에서 이 표현이 발견되었다. 바로 클라우디우스 황제가 선황 칼리굴라로 인해 흔들렸던 국가적 안녕을 여러 가지 개혁을 통해 되찾으려 염원하며 내건 정치적 선전구의 하나가 그것이었다. 라틴어로 pax et securitas이다. 바울이 데살로니가전서를 쓸 때가 50년대 초이니 여전히 클라우디우스 황제의 통치 시기였다. 이 시기에 바울은 당시의 정치적 선전구를 언급하며 시대적 메시지를 전하고 있는 것이다. 상당히 위험한 시도가 아닐 수 없다. 무슨 이유에서 바울은 이러한 모험을 감행하는가?

이를 이해하려면 죽기 직전 칼리굴라가 예루살렘 성전에 내린 명령을 먼저 언급해야 한다. 칼리굴라는 스스로를 신이라 여겼다. 처음에는 반신(半神) 정도로 이해하다 결국 완전한 신, 아니 한 걸음 더 나아가 모든 신 가운데 가장 뛰어난 신이라 생각했다. 그는 신전에 자신과 동일하게 생긴 신상을 만들어 놓고는 자신이 입고 있는 똑같은 옷을 입히고 자신이 옷을 갈아입을 경우 역시 신상의 옷도 갈아입히며 사람들에게 경배를 강요했다. 밤에는 신전에 나가 다른 신상들에게 누가 더 뛰어난 신인지 내기하자고 하며 그들의 복종과 경배를 원하곤 했다. 그러던 그가 유대인들이 얌니아의 그리스인들의 제단을 훼손했다는 보고를 접하고는 그 처벌로 예루살렘 성전에 자신의 화상을 세우도록 명령한다. 이 명령을 받은 시리아 주재 페트로니우스 장군은 그 실행을 위해 예루살렘으로 가다가 유대인 남녀노소의 비폭력 저항에 부딪힌다. 예루살렘 성전을 훼손시키려면 먼저 자기들을 죽이라 하며 유대인들이 길목을 막았다. 명령을 강압적으로 실행할 경우 피할 수 없는 대량학살을 감수해야 함을 깨달은 페트로니우스는 꾀를 내어 칼리굴라 황제에게 명령실행 연기를 요청하는 편지를 보낸다. 이유는 추수기에 노동력을 학살하는 것이 지혜롭지 못하며 또한 신의 화상을 만드는 일은 많은 시간을 요구한다는 것이었다. 이 편지를 받은 칼리굴라는 실행연기는 허락하지만 명령을 실행하지 못한 이유로 페트로니우스에게 자살을 명한다. 그러나 그는 명령을 내린 후 곧 살해되고 살해되었다는 소식이 자살명령보다 페트로니우스에게 먼저 도달하여 그는 생명을 구하고 원래 화상을 세우라는 황제명령은 무기한 보류된다.

문제는 예루살렘 훼손 명령이 완전히 폐기되었다고

사람들이 받아들이지 않은 것이다. 칼리굴라의 후임자인 클라우디우스는 전임자의 아저씨뻘 되는 율리우스 시이저 가문의 사람이었다. 그는 칼리굴라의 적지 않은 정책을 폐기시켰으나 모든 것을 폐기하지는 않았다. 전임자의 권위를 전적으로 무시하는 것은 결국 율리우스 시이저 가문의 황제적 권위를 실추시키는 것이기도 했기 때문이다. 특별히 그는 전임자의 종교정책을 크게 바꾸지 않고 오히려 조상의 신앙에서 떠나지 말라는 칙령까지 내리기도 하였다(이 칙령은 유대인들에게 기독교 신앙을 전파하는 것이 거의 불가능하도록 만들었다). 이로 인해 많은 유대인들은 클라우디우스가 예루살렘 훼손과 같은 칼리굴라의 명령을 언제라도 새롭게 내릴 수 있음을 염려했다. 로마 역사가인 타키투스는 자신의 연대기에서 이에 대해 다음과 같이 전한다.

"...(성전에 자신의 화상을 세우라는 칼리굴라 황제의 명령을 받고 난 후) 폭동이 일어났었다. (비록) 그의 죽음으로 인해 이 명령은 수행되지 않았으나 다른 황제가 동일한 명령을 내릴 수 있다는 염려는 여전히 남아있었다"(연대기 12:54)

바울도 이러한 유대인들 중에 하나였다. 특별히 클라우디우스에 대해 그는 불신하고 있었다. 그의 또 다른 칙령으로 인해 -로마에서 유대 (기독교)인을 내쫓은 명령(행 18:2)[1]- 로마로 갈 계획을 포기해야 했기 때문이다. 따라서 바울은 클라우디우스를 언제라도 칼리굴라처럼 변할 수 있는 인물로 이해했다. 그러기에 바울은 자신의 데살로니가 편지에서 이를 언급하는 것이다. 특히 바울은 예수님의 재림이(주의 날) 자신의 생애 중에 일어날 것이라 확신했기에(살전 4:15.17)[2] 그에 앞선 환란을 클라우디우스와 연결하여 이해했다. 그러한 이유로 그는 클라우디우스 황제의 정치적 선전구를 감히 언급하며 자신의 교인들에게 경각심을 불러일으키는 것이다.

---

1) "아굴라라 하는 본도에서 난 유대인 한 사람을 만나니 글라우디오가 모든 유대인을 명하여 로마에서 떠나라 한 고로 그가 그 아내 브리스길라와 함께 이달리야로부터 새로 온지라 바울이 그들에게 가매".

2) "우리가 주의 말씀으로 너희에게 이것을 말하노니 주께서 강림하실 때까지 <u>우리 살아 남아 있는 자도</u> 자는 자보다 결코 앞서지 못하리라"(15절).
"그 후에 <u>우리 살아 남은 자들도</u> 그들과 함께 구름 속으로 끌어 올려 공중에서 주를 영접하게 하시리니 그리하여 우리가 항상 주와 함께 있으리라"(17절).

바울의 이러한 역사 판단은 실현되지 않았다. 클라우디우스는 입양아들 네로의 모친에 의해 독살 당했을 뿐이다. 그러나 신적 권력에 도달하려는 인간 욕심의 위험을 상기시키고 그러한 권력과 긴장관계를 유지한 바울의 자세와 가르침은 오늘날도 여전히 유효하다.

복음서 기자의 커닝?

신약의 복음서들을 비교해 보면 매우 유사한 부분들이 관찰된다. 그 중에서도 특히 첫 세 복음서들은 어떤 부분에선 토씨하나 틀리지 않고 동일하다. 일반적으로 이를 설명하기를 세 목격자가 동일한 사건을 관찰하여 적은 것이니 그렇다 말한다. 그런데 문제는 복음서가 예수님 사건이 일어난 곳의 언어인 아람어로 집필된 것이 아니라 그리스어로 집필되었다는 데 있다. 예수님은 분명 아람어를 사용하셨고, 베드로와 같은 이도 마찬가지였을 텐데 그리스어로 집필된 복음서의 내용이 서로 일치한다는 것은 어딘가 문제가 있다. 영어 본문을 우리말로 번역해도 번역자의 성향과 능력 등에 따라 서로 달리 표현됨을 우리는 잘 알고 있다. 그런데 예수님 사건의 기록이 그것도 외국어로 된 기록이 때로는 토씨하나 틀리지 않다는 점은 각각의 진술로 보기에 문제가 있다.

글의 전개 방식도 유사한 문제점을 드러낸다. 신약의 첫 세복음서는 동일한 안목에서 사건을 본다하여 공관(共觀)복음서라 불린다. 이 공관복음서는 앞부분과 뒷부분을 제외하면 그 전개방식이 거의 동일하다. 예를 들면 예수님의 공생애 시작 전에는 세복음서 모두 예외 없이 세례요한을 언급하며 동시에 구약의 이사야서를 인용한다. 일반적으로 역사적 인물을 기술할 때 저자가 누구냐에 따라 그 인물의 생애 이야기가 조금씩 다를 것이다. 수집한 사료가 다르고 진술 방법이 다르기 때문이다. 그런데 예수님의 공생애는 모두 세례 요한에 대한 소개와 더불어 시작한다.

"선지자 이사야의 글에 보라 내가 내 사자를 네 앞에 보내노니 그가 네 길을 준비하리라/ 광야에서 외치는 자의 소리가 있어 이르되 너희는 주의 길을 준비하라 그의 오실 길을 곧게 하라 기록된 것과 같이/ 세례 요한이 광야에 이르러 죄 사함을 받게 하는 회개의 세례를 전파하니"(막 1:2-4)

"그 때에 세례 요한이 이르러 유대 광야에서 전파

하여 말하되/ 회개하라 천국이 가까이 왔느니라 하였으니/ 그는 선지자 이사야를 통하여 말씀하신 자라 일렀으되 광야에서 외치는 자의 소리가 있어 이르되 너희는 주의 길을 준비하라 그가 오실 길을 곧게 하라 하였느니라"(마 3:1-3)

"요한이 요단 강 부근 각처에 와서 죄 사함을 받게 하는 회개의 세례를 전파하니/ 선지자 이사야의 책에 쓴 바 광야에서 외치는 자의 소리가 있어 이르되 너희는 주의 길을 준비하라 그의 오실 길을 곧게 하라/ 모든 골짜기가 메워지고 모든 산과 작은 산이 낮아지고 굽은 것이 곧아지고 험한 길이 평탄하여질 것이요 모든 육체가 하나님의 구원하심을 보리라 함과 같으니라"(눅 3:3-6)

만일 세 사람이 각자 독립적으로 글을 썼다면 이렇게 동일한 서술 방식을 만들어 내기란 불가능하다. 세 사람간의 어떤 관계가 존재한다. 본서 다른 부분에서 다루었던 누가복음의 서두를 다시 살피면 한 가지 힌트가 주어진다.

"우리 중에 이루어진 사실에 대하여/ 처음부터 목격자와 말씀의 일꾼 된 자들이 전하여 준 그대로 내력을 저술하려고 붓을 든 사람이 많은지라/ 그 모든 일을 근원부터 자세히 미루어 살핀 나도 데오빌로 각하에게 차례대로 써 보내는 것이 좋은 줄 알았노니"(눅 1:1-3)

저자 누가는 자신보다 앞서 글을 쓴 사람이 존재하고 자신은 그것들을 자세히 살펴 차례대로 자신의 복음서를 집필하고 있음을 밝힌다. 그렇다면 큰 무리 없이 추측 가능한 것은 누가가 자신 보다 앞서 집필된 글을 참고했다는 점이다. 복음서의 글들이 토씨하나 다르지 않고 동일할 경우 한 사람이 다른 사람의 것을 자세히 참고했다는 말이다. 다른 말로 하면 한 사람이 다른 사람의 진술을 베꼈다는 말이다. 그러나 이점을 부정적으로 볼 필요는 없다. 누가가 적고 있듯이 근원부터 자세히 살펴본 결과 만일 앞선 기록이 정확하다 판단되었다면 어떻게 하는 것이 바른 자세일까? 아니면 앞선 기록 외에는 달리 확인할 도리가 없는 내용의 경우는 어떻게 해야 하나? 아마도 두 경우 모두 그대로 옮겨 적는 것이 최선일 것이다.

그렇다면 누가가 참고한 글들은 무엇인가? 마태와 마가 모두를 참고했을까? 그의 글을 있는 그대로 읽으면 앞선 기록은 단수가 아니라 복수이다. 그런데 문제가 있다. 만일 마태의 것을 누가가 참고했다면 당장 예수님 족보에서 다른 부분들은 어떻게 설명될 수 있을까? 마태의 것이 누가가 보기에 잘못되어서 교정한 것인가? 또 앞서 다른 부분에서 언급되었던 출생기사의 다양함은 어떻게 설명해야 하나? 예수님의 고향이 본래 나사렛 이었나 아니면 마태복음처럼 베들레헴이었나? 출생 시에 핍박을 당했나? 아니면 국가 권력과 원만한 관계를 유지했나? 아니 누가가 마태의 것을 참고했다고 보기에는 너무도 다른 사항들이 누가복음에는 등장한다. 이에 비해 마가의 것은 누가에 거의 다시 등장한다. 그 전개 순서도 대부분 일치한다. 몇 가지를 예를 들면 다음과 같다.

세례 요한의 등장		
	막 1:1-8	눅 3:1-20
세례	막 1:9-11	눅 3:21-22
시험받으심	막 1:12-13	눅 4:1 이하
갈릴리 회당에서 가르치심		
	막 1:14-15	눅 4:14 이하
(나사렛에서 배척당하심		
	막 6:1-6	눅 4:16 이하)
더러운 귀신축출		
	막 1:21-28	눅 4:31-37
온갖 병자 고치심		
	막 1:29-34	눅 4:38-41
복음 전도여행	막 1:35-39	눅 4:42-44

이상에서 볼 수 있듯 누가는 거의 마가의 전개 방식을 답습한다. "나사렛에서 배척당하심"과 같은 본문들이 간혹 있으나 전체 줄거리는 마가의 것을 벗어나지 않는다. 이로써 마가의 것을 누가가 참고했음을 알 수 있다. 마태의 경우는 어떠한가? 마태도 마찬가지다. 마태의 줄거리도 기본적으로 마가의 것을 벗어나지 않는다. 역시 몇 가지 예를 들어보자.

안식일에 밀 이삭을 자름

	막 2:23-28	마 12:1-8
안식일에 손 마른 사람을 고치심		
	막 3:1-6	마 12:9-21
예수와 바알세블	막 3:20-30	마 12:22-37
(악한세대의 표적구함		
	막 8:11-12	마 12:38-46)
예수의 어머니와 형제		
	막 3:31-35	마 12:46-50
씨 뿌리는 비유	막 4:1-9	마 13:1-9
비유 설명	막 4:10-20	마 13:10-23
겨자씨와 누룩	막 4:30-32	마 13:31-33
비유로 말씀하신 이유		
	막 4:33-34	마 13:34-35

마태복음도 마가복음의 줄거리를 위에서 볼 수 있듯 그대로 따랐다. "악한 세대의 표적 구함"과 같이 순서가 달라진 본문이 간혹 있으나 갈릴리에서 시작하여 예루살렘에서 마무리 되는 마가의 전체 흐름은 바뀌지 않는다. 따라서 마태와 누가가 마가복

음을 참고했다 결론지을 수 있다.

마태와 누가는 그러나 마가의 것을 맹목적으로 따라가지만은 않았다. 그들이 보기에 적절하지 못하거나 잘못되었다 여기는 부분은 과감히 고쳤다. 대표적인 것이 마가복음의 시작이다. 마가의 "보라 내가 내 사자를 네 앞에 보내노니 그가 네 길을 준비하리라"라는 인용은 안타깝게도 이사야의 글이 아니다. 그것은 말라기 3장 1절의 내용이다. 아마도 마가는 말라기를 확인할 상황이 못 되었던 것 같다. 충분히 이해할 만한 점이다. 당시에 구약의 모든 두루마리를 소유한다는 것은(당시의 구약성경은 요즘과 같이 간편한 책 형태로 존재하지 않았고 커다란 두루마리 형태를 갖고 있었다) 그 규모나 경제적 비용으로 인해 불가능한 일이었고 상당부분 읽었던 기억에 의존하였기 때문이다. 그런데 이러한 마가의 잘못된 부분을 마태와 누가는 언급하고 있지 않다. 마태와 누가는 마가의 잘못된 인용을 알고 이를 교정했다. 따라서 인용된 말라기의 내용은 두 복음서에서 발견되지 않는다. 마태의 경우 마가의 이사야 구절만 인용했고 누가는 마가의 이사야 구절에 한

절을 더 추가하여 인용했다.

앞서 언급한 누가의 서두로 돌아가면 그에 앞선 집필자들은 혼자가 아니었다. 그렇다면 마가 말고 다른 집필자가 있었는가? 일반적으로 누가의 진술은 당시의 형태를 따른 것으로 마가 혼자 밖에 없었으나 약간 과장한 표현으로 인식한다. 그러나 굳이 복수의 기록자를 찾자면 가능성은 있다. 마가를 중심으로 마태와 누가를 비교해본 학자들은 특이한 점을 발견했다. 그것은 마가의 내용이 아닌 부분에서 마태와 누가가 공유하는 본문들이 존재한다는 것이다. 앞서 말했듯이 마태와 누가는 서로를 베끼거나 하지 않았다. 그러기엔 서로의 차이점이 너무도 뚜렷하다. 그렇다면 마태와 누가가 공동으로 가졌던 다른 참고서(?)가 존재했다는 말이다. 마태와 누가가 마가를 제외하고 공동으로 갖고 있는 부분을 살펴보니 그것들은 내용상 모두 예수님의 말씀들이었다. 사람들은 이를 말씀어록이라 명명했다. 독일 학자들이 세운 이론이기에 독일말의 자료에 해당되는 단어인 Quelle를 줄여 Q(독일어 발음은 "쿠"이다) 라고 부른다(일부 야사에서는 말씀어록을 둘러싼 연구가 대단히 어려워 어떤 학자가 사물 등을 폄하

해서 표현하는 "어리석은(bloede) 암소(Kuh)"라는 단어를 붙인 것에서 유래했다는 설도 있다 -믿거나 말거나!). 이 말씀어록의 존재는 상당기간 인정받지 못하였다. 도대체 예수님 말씀만 모은 책이 존재할 수 있었는가?, 만일 존재했다면 왜 지금까지 아무런 사본도 발견되지 않았는가? 하는 반문들이 제기 되었기 때문이다. 그런데 이러한 반문은 역시 예수님 말씀만을 모아놓은 콥틱어 문헌 도마복음이 발견되며 불식되었다. 예수님 말씀의 모음집은 도마복음에서 보듯 분명 존재했던 것이다. Q가 사라진 이유는 그것이 마태나 누가복음에 모두 흡수되었기 때문일 것이다. 어떤 책이 두 권 존재하는데 한 책이 다른 책의 전체 내용을 다듬은 합본으로 만들어졌을 경우 사람들은 합본이 된 책을 구입하거나 읽지 일부 내용만이 달랑 전해지는 책을 선호하지는 않을 것이다. 이런 이유로 Q는 자연스레 역사 속에서 사라지고 마태와 누가의 복음서들이 사람들에 의해 읽혀졌을 것이다.

학계에서는 이 같은 공관복음의 설명을 소위 두 자료설(Zwei-Quellen Theorie)이라 부른다. 마태와 누가가 마가복음을 하나의 자료로 사용했고 그 외에 말씀어록이라는 두 번째 자료를 사용하여 자신들의 복음서를 편집했다는 설명이론이다. 이 이론이 설 또는 이론(Theorie)으로 아직 남아 있는 이유는 조그마한 예외가 있기 때문이다. 일부 마가 본문의 경우 마태와 누가가 동시에 전하는데 둘은 서로 일치하나 오히려 마가의 내용과는 다소 차이점을 보이기 때문이다. 이로 인해 마태와 누가가 참고한 마가복음이 지금의 마가복음이 아닌 약간 다른 마가복음이지 않을까 하는 추측이 존재한다. 이 경우 두 버전의 마가복음을 가리켜 각각 원 마가복음 또는 제 2 마가복음이라 부르곤 한다.